Edgar Allan Poe (1809-1849) quedó huérfano desde muy joven; su padre abandonó a la familia en 1810 y su madre falleció al año siguiente. Tanto su obra como él mismo quedaron marcados por la idea de la muerte, y la estela de la desgracia no dejó de acecharlo durante toda la vida. Antes de cumplir los veinte ya era un bebedor consuetudinario y un jugador empedernido, y contrajo enormes deudas con su padre adoptivo, además de causarle todo tipo de problemas. En 1827 publicó *Tamerlán y otros poemas*, y en 1830 se instaló en la casa de una tía que vivía en Baltimore acompañada de su sobrina de once años, Virginia Clemm, con quien se acabaría casando siete años más tarde. Trabajó como redactor en varias revistas de Filadelfia y Nueva York, y en 1849, dos años después de la muerte de su esposa, cae enfermo y fallece presa de la enfermedad y su adicción al alcohol. Su producción poética, donde muestra una impecable construcción literaria, y sus ensayos, que se hicieron famosos por su sarcasmo e ingenio, son destellos del talento que lo encumbraría a la posteridad gracias a sus narraciones. Poe, de hecho, es conocido sobre todo por los relatos y por ser el predecesor, en cierto modo, de la novela policíaca moderna. Sus cuentos destacan por su belleza literaria y por fundir en ellos lo macabro con el humor, el terror y la poesía.

Andrés Ehrenhaus (Buenos Aires, 1955). Traductor, escritor, editor. Reside en Barcelona desde 1976. Ha publicado los libros de relatos *Subir arriba* (Barcelona, Sirmio, 1993), *Monogatari* (Barcelona, Mondadori, 2001), *La seriedad* (Barcelona, Mondadori, 2001), *Un obús cayendo despedaza* (Barcelona, Malpaso, 2014), *El hombre de lenguas* (Santiago de Chile, Lom, 2016), la novela *Tratar a Fang Lo* (Buenos Aires, Paradiso, 2006) y, con Elenio Pico, *Los 154 haikus de Shakespeare* (Barcelona, La fuga, 2018). Es profesor del Máster de Traducción Literaria y Audiovisual de la UPF. Ha vertido al castellano, entre otros, a autores como Shakespeare (*Poesía completa*, Barcelona, Penguin Clásicos, 2013), Marlowe, Poe, Dantec, Updike, Wilde, Lewis Carroll, Kerouac, John Lennon o Bill Bryson.

Edgardo Dobry (Rosario, Argentina, 1962) ha publicado los libros de poesía *El lago de los botes* (Barcelona, Lumen, 2005), *Cosas* (Barcelona, Lumen, 2008), *Pizza Margarita* (México, Mangos de hacha, 2010) y *Contratiempo* (Buenos Aires / Madrid, Adriana Hidalgo, 2014). También es autor de los ensayos *Orfeo en el quiosco de diarios* (Adriana Hidalgo, 2007), *Una profecía del pasado* (Buenos Aires, FCE, 2010) e *Historia universal de Don Juan* (Barcelona, Arpa, 2017). Ha traducido a Sandro Penna, Giorgio Agamben, Roberto Calasso, William Carlos Williams y John Ashbery. Es profesor de la Facultad de Filología de la Universidad de Barcelona.

EDGAR ALLAN POE

El cuervo y otros textos poéticos

Edición y traducción de

EDGARDO DOBRY
ANDRÉS EHRENHAUS

PENGUIN CLÁSICOS

Papel certificado por el Forest Stewardship Council®

Primera edición: marzo de 2020

PENGUIN, el logo de Penguin y la imagen comercial asociada son marcas registradas
de Penguin Books Limited y se utilizan bajo licencia

Printed in Spain – Impreso en España

ISBN: 978-84-9105-452-8
Depósito legal: B-520-2020

Compuesto en Comptex & Ass., S. L.

Impreso en Liberdúplex
Sant Llorenç d'Hortons (Barcelona)

PG 5 4 5 2 8

Penguin
Random House
Grupo Editorial

Índice

Prólogo
Poe y su herencia:
la sustancia de la nueva poesía

En los últimos años de su vida, cuando Edgar Allan Poe era ya un escritor famoso, escribió algunos breves ensayos sobre poesía, dos de los cuales alcanzarían tanta trascendencia como sus versos: «Filosofía de la composición» (1846) y «El principio poético» (pronunciado como conferencia en Richmond poco antes de su muerte y publicado, ya póstumo, en 1850). Para ser más precisos: es la conjunción de los versos y de esas reflexiones sobre poesía la que alcanzó una posteridad que dura hasta hoy. Esa obra iba a tener una extraordinaria repercusión en la segunda mitad del siglo xix y principios del siglo xx, primero en Francia y, desde allí, en todo Occidente. De hecho, la lectura, traducción e interpretación de Poe son a tal punto consustancial a las poéticas de Baudelaire y de Mallarmé —y, más tarde, de Paul Valéry— que sin ellos el simbolismo —y sus derivas en el siglo xx, que son fundamentales— habría carecido de uno de sus principales sustentos teóricos: la del poema elaborado a conciencia, según un trabajo minucioso, en el que la espontaneidad de la emoción o del sentimiento no tienen un papel preponderante. Ni la voz de Henry Longfellow, que va de lo melodioso a lo épico, ni la majestuosa de William Cullen Bryant, poetas contemporáneos de Poe y a quienes en «El principio poético» cita como ejemplo, alcanzarían en las décadas siguientes la importancia de «El cuervo», apoyada en ese aparato teórico que su autor creó *ad hoc*.

Longfellow era el poeta más famoso de su tiempo en Estados Unidos, aunque Poe le dedicó un ensayo en el que vaticinaba la no perdurabilidad de su obra, debido a los «múltiples errores nacidos de la afectación y de la imitación» y a su «concepción por completo errónea de las finalidades de la poesía». Una concepción dominada por el «didactismo», cuando, en verdad, «la poesía es una respuesta a una demanda natural e incontenible. Siendo el hombre quien es, jamás existió un tiempo desprovisto de poesía. Su primer elemento es la sed de una BELLEZA suprema». Este juicio, la idea de que el arte, si quiere ser plenamente tal, no está al servicio de nada pues es un fin en sí mismo, puede parecernos hoy una obviedad. El hecho es que nadie antes de Poe, en América, se había atrevido a rechazar, con argumentos, el mandato preceptivo, civilizador y pedagógico del arte, a afirmar que «la Belleza es el único territorio legítimo del poema». En todo caso, Longfellow, que sobrevivió a Poe por más de treinta años, no le guardó rencor. Dijo de él que «su verso exhala una melodía de particular encanto, una atmósfera de verdadera poesía que nos impregna por completo. La aspereza de su crítica nunca la he atribuido sino a la irritabilidad de un temperamento ultrasensible, exasperado ante cualquier manifestación de falsedad».

Las poéticas americanas —de todo el continente— permanecieron dominadas largamente por el ideal ilustrado y neoclásico, que convenía a la concepción de que, en repúblicas recientes y en naciones aún en estado de formación, el arte debía cumplir una función social, instructiva y transmisora de valores civiles. Poe fue el primer poeta autónomo, y por eso mismo el fundador de una obra libre de improntas edificantes. La literatura era para él un ámbito absoluto, no subordinado a ningún otro, fuera político o ético. Buena parte de los ataques que recibió en vida provinieron de la intolerancia hacia esta idea. A la vez, también a esa convicción, y a su puesta en práctica, se debe buena parte de su posteridad. En un mundo cada vez más lleno de cosas útiles (incluido el tiempo, incluido el tiempo del ocio), el arte debía ser el reino de lo bello sin funciones ulteriores. Poe no afirma, como el parnasiano Théophile Gautier, que toda cosa bella es necesariamente inútil y viceversa («el lugar más útil de una casa son las letrinas», escribió Gautier), pero se opone a la necesidad de que un poema esté obligado a alguna forma de utilidad directa: «El Intelecto se ocupa de la Verdad, el gusto nos informa acerca de la Belleza y el Sentido Moral se ocupa del Deber. Acerca de este último, mientras la Conciencia enseña la obligación, y la Razón, la conveniencia, el Gusto se contenta con mostrar el encanto: librando una guerra contra el Vicio por la única razón de su deformidad —su desproporción—, su enemistad con lo adecuado, lo apropiado, lo armonioso; en una palabra, con la Belleza».

Era imposible que una inteligencia crítica semejante y una infalible claridad a la hora de exponerla no le trajeran enemigos. Baudelaire, que tantas veces parece pensar en sí mismo cuando se refiere a Poe, lo ve en «una guerra infatigable contra los razonamientos falsos, los pastiches estúpidos, los solecismos, los barbarismos, contra todos los delitos literarios que se cometen a diario en los periódicos y en los libros». Y, por cierto, cómo no ver al propio Baudelaire en este retrato que hace del autor de «El cuervo», hombre refinado cuyo genio lo condena a vivir en una abyecta indigencia: «Vestido con una levita que dejaba ver su burda trama, y que estaba, según táctica bien conocida, abotonada hasta la barbilla [para que no se notara que su camisa, en caso de llevarla, estaba aún en peor estado], con pantalones harapientos, botas destrozadas bajo las cuales no había evidentemente medias y, a pesar de todo, con un aire altivo, finos modales y ojos chispeantes de inteligencia». Esta combinación de talento y superioridad intelectual con pobreza lamentable e imposibilidad de acomodarse a la vida burguesa se denominó «poeta maldito». Baudelaire, que fue el decano de esa estirpe, veía en Poe a su ascendiente, también en eso. Y, entre los nuestros, y puesto que pronto hablaremos de él, ¿acaso Rubén Darío, cuya trayectoria estuvo, en buena medida, marcada por su voluntad de librarse de las únicas posibilidades que parecían regir su destino —aceptar el mecenazgo de sátrapas de todo el subcontinente («escribir sonetos a tigres y caimanes con charreteras», dice Octavio Paz) o la completa miseria—, no se enorgullecía de sus «manos de marqués»?

Hasta la progresiva consagración de Walt Whitman, solo diez años más joven que Poe pero cuya obra no empezaría a ser conocida fuera de Estados Unidos hasta principios del siglo xx, tras la edición definitiva de *Leaves of Grass*, no habrá otro poeta estadounidense que tenga la presencia y la importancia de Poe. La impronta de Whitman es central en la poesía del continente americano en el siglo xx: está en Pound y en Wallace Stevens, está en el erotismo oscuro del Neruda de *Residencia en la tierra* y en los versículos de Juan L. Ortiz, y en muchos otros. En cambio, en Europa su huella es dispersa: aparece en las odas de Álvaro de Campos, en los versos desbordantes de Paul Claudel, en la épica (psíquica) de Saint-John Perse. La de Poe, en cambio, es algo más que una influencia: es una sustancia que, desde su irradiación francesa, permea a tal punto la poesía moderna que su presencia es, de tan difundida, casi indistinguible. ¿A qué se debe esa pervivencia en el canon de los clásicos de la modernidad? En buena medida la respuesta está en la «Filosofía de la composición». En ella, Poe justifica, a posteriori, su poema «El cuervo» y sostiene que, antes de emprender la escritura de un verso, el poeta debería determinar cuál es el *efecto* que desea conseguir en el lector. Esta idea, sencilla en apariencia, y que acaso no habría tenido más consecuencia que un silencio indulgente por parte de sus contemporáneos, alcanzó una enorme resonancia en la lectura de Charles Baudelaire. El autor de *Las flores del mal* descubrió a Poe hacia 1847 y sintió de inmediato *«une commotion singulière»*, según cuenta en una carta. A partir de entonces persiguió a todos los estadounidenses que conocía en París, pidiéndoles revistas donde pudiera encontrar cuentos o poemas del escritor bostoniano. En 1852 publicaría un volumen de cuentos de Poe traducidos e introducidos por él; y en 1856 otro breve libro que contenía su traducción de «El cuervo» seguido de «La Genèse d'un poème», tal como tituló a su versión de la «Filosofía de la composición».

Se diría que, sin saberlo, Poe razonó el gran proyecto que el propio Baudelaire estaba desarrollando y que le resultó como caída del cielo, es decir, de América, cuya literatura era, hasta entonces, incomprensible desde Europa, que la miraba con una suma de paternalismo y simpatía exótica. Buscar un efecto significa rechazar la tesitura espontánea, la idea de que el poema nace de una inspiración o del impulso de expresar una experiencia. La más célebre definición de esta poética la formuló William Wordsworth en el Prólogo a la segunda edición de las *Baladas líricas* (1800), libro fundacional del romanticismo en Inglaterra: «La poesía es el desbordamiento espontáneo de sentimientos poderosos; tiene su origen en la emoción rememorada en la tranquilidad». Seguramente Poe tiene esto en mente cuando habla de esa «especie de delicado frenesí» tras el cual los escritores prefieren ocultar el laboratorio de sus composiciones: si una obra vale algo —argumenta— debe estar sostenida por un plan, un programa, un *método*. La espontaneidad es, acaso, una virtud moral, no estética.

Es verdad que, como señala con nitidez Edmund Wilson, toda la obra creativa de Poe fue una consecuencia del romanticismo: «La espeluznante vena de su fantasía es muy semejante a la de Coleridge; su poesía [...] deriva de Shelley y Keats; sus "fugas oníricas" recuerdan a De Quincey [...]. Sus temas pertenecen a la tradición de Chateaubriand y Byron, y al movimiento romántico en general». Un ejemplo: en «Ulalume» hay un verso que podría ser la definición —o el epitafio— del romanticismo: «Mi pecho era un magma volcánico». Sin embargo, para Baudelaire fue decisivo en su propia lucha contra el romanticismo, es decir, contra Victor Hugo, teniendo en cuenta que Hugo ya era el poeta nacional de Francia cuando Baudelaire publica *Las flores del mal*, y seguirá ocupando ese lugar durante muchos años una vez que este ha muerto. Hugo escribe cien, doscientos mil versos, en decenas de libros que tratan sobre todo: el amor, la Creación, la guerra, la vida sencilla de la gente humilde, el mar, la Vía Láctea, la metafísica, incluso «el arte de ser abuelo». Los versos le brotan como si fueran hojas de un gran roble; era, como dirá Mallarmé, «la elocuencia personificada». Baudelaire, en cambio, medita y compone *un* libro, al que dedica su vida. Un libro único, destinado a cambiar el rumbo de la poesía de Europa y de Occidente. Casi cien años más tarde de su publicación («La unidad de la cultura europea», 1946), T. S. Eliot se refiere a «la tradición que comienza con Baudelaire y culmina con Paul Valéry», en la que él mismo se inserta: «Me aventuro a decir que sin esta tradición francesa la obra de tres poetas de otras lenguas, tres poetas muy distintos entre sí —W. B. Yeats, Rainer Maria Rilke y [...] quien les habla— sería difícilmente concebible». Ahora bien, en la raíz de esa tradición Eliot ubica a «un americano de origen irlandés: Edgar Allan Poe». Nada aquí es ingenuo: en unas conferencias radiofónicas pronunciadas (en alemán) sobre los escombros humeantes de la Segunda Guerra Mundial, Eliot venía a afirmar que la unidad de la cultura europea, al menos en lo que respectaba a la poesía, tenía su antecedente en un estadounidense (Poe) y uno de sus mayores exponentes actuales en otro, el propio Eliot. Lo curioso es que Eliot, igual que había hecho Valéry («no me gusta "El cuervo"... es un poema reclamo, hecho para un público torpe en materia de poesía y con efectos artificiosos»), señala que difícilmente se encontrará una huella de la poesía de Poe en la suya propia.

«De los innumerables efectos o impresiones, de los cuales el corazón, el intelecto o (con mayor frecuencia) el alma es susceptible, ¿cuál debo elegir en la presente ocasión?» Esta pregunta, que Poe plantea al principio de la «Filosofía de la composición», supone una deliberación que precede a la escritura, una distancia crítica entre el escritor y su materia. Pero esa operación incluye también al lector, pues este es el agente del efecto buscado. Valéry compara esta previsión de las reacciones del lector con una partida de ajedrez y recuerda que Auguste Dupin, el investigador privado que Poe imaginó para «Los crímenes de la calle Morgue» y para «La carta robada» —cuentos de los que, dirá Borges, «procede el caudaloso género policial que hoy fatiga las prensas»—, aplicaba un método semejante para la resolución de los casos criminales. En «Los crímenes de la calle Morgue», Dupin compara las operaciones mentales que un investigador debe hacer para resolver un crimen con la de un jugador de *whist*: «Examina la fisonomía de su adversario, la compara cuidadosamente con la de cada uno de sus rivales [...] Anota cada movimiento de la fisonomía, a medida que avanza el juego, y recoge un capital de ideas en las expresiones variadas de certeza, de sorpresa, de victoria o de mal humor». Y en «La carta robada», al referirse a la inteligencia del Ministro D. para esconder la carta de modo que al prefecto de París (de ese París imaginario en el que Poe ambienta su genial relato), a pesar de todos los recursos del cuerpo de policía a su mando, le sea imposible encontrarla: «Como poeta y matemático es capaz de razonar bien, en tanto que como mero matemático hubiera sido incapaz de hacerlo y habría quedado a merced del prefecto». Y también: «[el método para ganar en cualquier juego] Consiste en la identificación del intelecto del razonador con el de su oponente». Pero estas ideas, acota Valéry, «no se aplican solamente a los jugadores de cartas o a la resolución de un crimen; se aplica también a acciones más elevadas, a la composición de poemas». En efecto, Poe tiene presentes, a la vez, los elementos técnicos para componer un poema que sea «original» y «logrado», y las reacciones que quiere provocar en el lector.

Por ejemplo, acerca de «El cuervo» dice: «Esta revolución de la idea o de la fantasía por parte del amante se propone inducir un cambio similar en el lector, de modo que conduzca su mente al marco adecuado para el *dénouement* que, a partir de este momento, debe producirse lo más rápida y *directamente* posible». De allí, también, su insistencia en que el poema debe ser breve, porque la intensidad se diluye en una excesiva extensión.

Por eso, en la poética de Poe, el cuento es un género más cercano al poema que a la novela: ambos están regidos por la economía, la brevedad, la intensidad, la exigencia de captar la atención del lector durante un lapso de tiempo breve, pero sin distracciones de ningún tipo. Nadie, quizá, ha encontrado una mejor alegoría de eso que Julio Cortázar en «Continuidad de los parques». Cortázar, que tradujo toda la obra de Poe como cuentista, imagina un hombre tan absorto en su lectura como para ser asesinado por un personaje de la ficción que está leyendo. «¡Eso sí que es un *efecto*!»

Dado que la «Filosofía de la composición» fue escrita cuando «El cuervo» ya había adquirido una notoria popularidad, ¿cuál era verdaderamente su objetivo? Poe declara la necesidad de que los poetas reconozcan su trabajo metódico, que el poema o el cuento, si alcanza algún valor, no es algo dado: «Muchas veces he pensado cuán interesante sería un artículo de revista en el que un autor se decidiera —en el caso de que tal cosa estuviera a su alcance— a detallar paso a paso el proceso mediante el cual alguna de sus obras llegó a su completa ejecución». Pero ¿por qué hacerlo precisamente con un poema que se defiende por sí solo, sin necesidad de explicaciones ulteriores? ¿Acaso Poe quería reclamar la *profesionalidad* del poeta; es decir, la posesión de unos instrumentos y una disciplina específicos, que justificaran su valor no solo estético sino comercial, puesto que el poeta pretendía vivir de su trabajo? Edgar Poe había sido desheredado por John Allan, su padrastro, el rico comerciante de tabaco que lo había adoptado cuando quedó huérfano, a los cinco años. La ruptura comenzó hacia 1826, cuando el joven Poe fue expulsado de la Universidad de Virginia por pendenciero y alborotador, poco antes de publicar sus primeros versos, *Tamerlane and Other Poems*. Y se volvió definitiva unos diez años más tarde, cuando fue expulsado nuevamente, esta vez de la academia militar de West Point. Allan, además, se había vuelto a casar y tenía nuevos herederos. El hecho de que la poesía de Poe sea relativamente breve en comparación con su obra narrativa no se debe seguramente a que le gustara menos escribir versos, sino a que los cuentos estaban mucho mejor pagados por los editores de revistas. Por eso Rubén Darío, que lo pone al frente de sus *raros*, dice que Poe fue «un Ariel hecho hombre»: «Nacido en un país de vida práctica y material, la influencia del medio obra en él al contrario. De un país de cálculo brota imaginación estupenda». Por otra parte, ¿cómo no iba a seducirle a Darío ese Poe que declaraba «mi primer cometido fue (como siempre) la originalidad», y que esta «no tiene nada que ver con la espontaneidad ni con la intuición, como creen algunos», sino que se halla en «las posibles variaciones del metro y de la estrofa [que] son prácticamente infinitas»? ¿Cómo no iba a encantarse con la rica variación rítmica y armónica de «Tamerlán», de «Al Aaraaf», de «A Helena»? Ajeno a los andariveles por los que corría la poesía de sus contemporáneos, Poe parece querer explorar todas las posibilidades sonoras del verso y de las rimas inglesas, algo semejante a lo que Darío iba a hacer con el castellano. Sin el trabajo de ambos, la poesía del siglo xx, en las dos costas del inglés y del castellano, es inimaginable.

Si el poeta no era ya, como había declarado Hölderlin, el que permanece «a la intemperie bajo la tormenta divina», sino un artista que posee un saber y que desarrolla un método para obtener unos resultados —para lograr un efecto—, acaso el estipendio recibido a cambio, de manos del editor de libros o de diarios, esté tan justificado como cualquier otro. Esta es una posibilidad verosímil. Un cuarto de siglo antes, Byron, en el Canto I de *Don Juan*, le hablaba descaradamente al lector y lo llamaba *gentle purchaser*, «amable cliente». Pero hay otro motivo no menos trascendente: Poe, de algún modo, sabía que estaba fundando algo: la auténtica literatura americana. El *método* es un modo de alejarse de la naturaleza, que había sido hasta entonces, en América, la fuente de toda inspiración. Podría exponerse de este modo: a finales del siglo xviii, Friedrich Schiller proclamó que el poeta (europeo) se había acercado demasiado al aula universitaria y al salón burgués, y que era hora de que volviera a la naturaleza. Cincuenta años más tarde, Poe argumenta que, para salir del exotismo, de la seducción de lo salvaje al estilo de *El último mohicano*, el poeta (americano) debía crear su proyecto, su sistema. Esa es la línea que desarrolla William Carlos Williams (*En la raíz de América*), para quien Poe representa *el final de la improvisación*: «Escribir sobre los indios, sobre los bosques, sobre la gran belleza natural del Nuevo Mundo es muy atractivo y constituye un éxito seguro; y *por lo tanto* [Poe] aconseja a los escritores que lo EVITEN, con argumentos absolutamente claros y evidentes, además de perfectamente elegidos... Toda su insistencia iba referida al método, en oposición a una especie de rapto anónimo respecto de la naturaleza». De ahí la insistencia, en la «Filosofía de la composición», en *enfriar* toda idea que tenga que ver con la inspiración o el rapto creativo. Por ejemplo: «designo a la Belleza como el territorio del poema sencillamente porque es una obvia regla del Arte el que los efectos surgen de causas directas y que los objetos deben alcanzarse mediante los medios más adecuados a ellos, ya que nadie negaría que la peculiar elevación a la que hemos aludido se consigue *de modo inmediato* en el poema». No sabemos si esta correlación de reglas, objetos, medios y modos está sostenida por una lógica irrefutable; podemos afirmar, en cambio, que quien habla de esta forma quiere mostrarse como alguien que sabe lo que hace o lo que quiere hacer, alguien para quien la *ingenuidad* carece de todo valor. En

«El principio poético», Poe parece razonar el concepto de belleza como si se tratara de un argumento científico: define «la Poesía hecha de palabras como la *Creación Rítmica de Belleza*. Su único árbitro es el Gusto. Con el Intelecto o con la Conciencia solo tiene relaciones secundarias. Sus relaciones con el Deber y con la Verdad son solo incidentales».

Una parte considerable de las cuestiones técnicas desarrolladas por Poe en sus ensayos se refieren al aspecto musical del poema: al ritmo troqueo en combinaciones variadas dentro de una misma estrofa, o a la articulación de sonidos que lo llevaron a preferir, para el estribillo, la palabra «nevermore», donde «la *o* larga como la vocal más sonora se asocia a la *r* como la consonante más productiva». Es ese otro germen que el simbolismo desarrollaría como elemento nuclear: el poema es, como dirá Verlaine en su «Art poétique», «de la musique avant toute chose». Allí mismo, además, recomienda al poeta retorcerle el cuello a la elocuencia: es preferible la vaguedad, lo indeterminado, lo sugerido más que lo claramente expuesto. Todo lo cual está presente en la poesía de Poe, en la que la musicalidad lo es casi todo (y por eso mismo resulta tan difícil de traducir). También allí la matemática (la técnica) se une a la «espiritualidad» (la vaguedad del significado). Frente al desgaste de la palabra escrita a manos de la «literatura industrial» (como la llamó Sainte-Beuve en 1839), la publicidad, los periódicos —primera manifestación de lo que será la *industria cultural*—, los poetas del simbolismo francés —inspirados por Baudelaire, inspirado por Poe— trabajarán la palabra como un músico los sonidos: explorando cada matiz de su sonoridad y haciendo lo más compleja posible la relación entre el elemento material (el significante) y su contenido mental (el significado).

Tal es el papel que, en la genealogía que construye, le atribuye el gran ideólogo de la poesía europea posterior al romanticismo, Stéphane Mallarmé. En su soneto a «La tumba de Edgar Poe» adjudicó al poeta la labor de «dar un sentido más puro a las palabras de la tribu»: limpiarla de la rémora del mal uso, las mentiras, la palabrería. Baudelaire había soñado con «el milagro de una prosa poética, musical... como para adaptarse a los movimientos líricos del alma». Mallarmé habló de «un hermoso hallazgo», el verso libre, «modulación individual, ya que toda alma es un nudo rítmico». Hay pocos pasos desde allí hasta —por poner dos ejemplos opuestos— la lengua completamente inventada de Hugo Ball en los tiempos de Dada y el Cabaret Voltaire o las prosas objetivistas de Francis Ponge en su «tomar partido por las cosas». Valiéndose de las mentiras y leyendas con que la figura de Poe fue infamada, en Estados Unidos, tras su patético final, Mallarmé creyó que Francia era la auténtica preservadora de su legado: «Toda una generación, desde el instante en que el gran Baudelaire preparó los memorables *Cuentos*, hasta ahora que leerá estos *Poemas* [se refiere a la traducción que, en 1889, publicó Mallarmé de los poemas de Poe], ha pensado en Poe tanto que no resultaría raro, incluso para los compatriotas del soñador estadounidense, afirmar que la flor brillante y neta de su pensamiento, desterrada primero de allá, encuentra aquí su auténtico suelo». Esta declaración es taxativa: por primera vez un movimiento central de las letras europeas asumía su ascendiente en un autor americano. Una tradición literaria de mil años se abría a las rimas y a las ideas del representante de una literatura que casi no existía antes del siglo XIX. De esa hibridación, en cuya raíz está Poe, surgió el tronco principal de la poesía que perdura hasta hoy.[*]

EDGARDO DOBRY

---

[*] El lector interesado en profundizar en los principales textos citados en este prólogo debe remitirse a *Matemática tiniebla: Poe, Baudelaire, Mallarmé, Valéry, Eliot; genealogía de la poesía moderna*. Idea, selección y prólogo de Antoni Marí; traducciones de Miguel Casado y Jordi Doce. Barcelona, Galaxia Gutenberg/Círculo de Lectores, 2010. También es muy recomendable: Paul Valéry, *De Poe a Mallarmé; ensayos de poética y estética*. Selección y traducción de Silvio Mattoni. Buenos Aires, Cuenco de Plata, 2010.

SOBRE ESTA EDICIÓN

Si hacemos caso a una de las tantas definiciones que dio Borges de lo que es o debería ser un clásico, la obra de Poe —y en especial su poesía— ostenta rabiosamente esa condición, pues cada nueva lectura diluye nuestras certezas y nos planta ante renovadas e insospechadas preguntas. Y ese efecto se multiplica o potencia con cada nueva edición. Más aún, tal vez, cuando se le ofrece al lector la posibilidad de leer los poemas bajo la lupa de los escritos críticos más programáticos del autor de Boston —y viceversa. Como en un espejo carrolliano, poesía y ensayos se buscan entre sí y se encuentran del otro lado.

Fiel a ese espíritu de abrir caminos en lugar de cerrarlos, esta edición se propone «actuar» bajo las órdenes de Poe, trabajar la traducción de los poemas de acuerdo a los postulados de los ensayos y reflejar en estos el plectro febril, pero también las contradicciones estéticas y morales que tensan sus textos. Poe no quiere dejar nada librado al azar y, a la vez, vive la más azarosa de las existencias. Una vez muerto, su obra sufrirá la misma suerte. Su propio albacea, Rufus Wilmot Griswold, que es, paralela e inexplicablemente, uno de sus peores rivales, se encarga de recopilar de mal modo y llena de errores la primera edición de sus *Obras completas* (Nueva York, 1850) y acompañarla de un esbozo biográfico, falso y manipulado en su mayor parte, que acaba destruyendo la poca honorabilidad que le quedaba. Griswold ofrece toda suerte de material apócrifo —cartas, artículos, testimonios— para abundar en la leyenda negra del Poe borrachín, adicto a las peores sustancias y disciplinas, moralmente endeble, interesadamente mujeriego, derrochador de su escaso genio, etc., y desdibujar su imagen casi para siempre. Durante medio siglo, esa edición y sus efectos colaterales campan a sus anchas. Ese primer desastre bibliográfico será responsable de muchos de los tumbos que ha experimentado la recepción de su obra en distintas épocas, ámbitos y contextos, siempre ligada a controversias no precisamente literarias. De ahí la necesidad, entendemos, de volver a la letra de sus textos, de ceñirnos a sus formas. Leer lo que él *dice, cómo* lo dice, no lo que *pudo haber querido decir.*

Cuando uno lee «Filosofía de la composición» con el ojo estrábico y adormilado del sufrido narrador de «El cuervo» (*While I pondered, weak and weary, over many a quaint and curious volume of forgotten lore*), lo primero que llama la atención es la aparente inverosimilitud del relato programático. ¿En verdad pudo haber pensado el autor, aunque solo fuera fugazmente, en un poema dramático titulado «El loro»? Una segunda lectura, ya más despierta y pragmática, nos desvela el misterio: también en sus ensayos se está ocupando Poe de mantener viva la ilusión del efecto mediante una construcción temporizada, mediada por materiales sensoriales y evocadores, como si de glosar estrofas y estrambotes se tratara. Dormirnos en palabras y despertarnos de pronto en medio de un aleteo de plumas, claroscuros y susurros. Lo que hace tan moderno a Poe, lo que fascinó a los simbolistas franceses, es esa conciencia del artificio, donde el alquimista es menos un místico que un boticario, y más precisamente uno que no tiene empacho en desplegar ante los clientes de sus pócimas todas las materias primas que las componen, ordenadas con metódica obsesión. Sus alambiques, no obstante, son de tradición clásica, y eso nuevamente nos confunde. Porque estamos, sobre todo en términos de materia y forma —que son los que el propio Poe privilegia—, ante un autor que vislumbra cambios técnicos, e incluso tecnológicos si se quiere, que aún no puede usar... salvo cuando recita. En cierto modo, puede decirse que Poe no puntúa con criterios sintácticos sino puramente dramáticos, como un taquígrafo o un copista teatral; la excesiva generosidad con que llena sus poemas de guiones largos es quizá el ejemplo más visible e interesante del cuidado que ponía Poe en cuestiones que hoy se reconocen como herramientas poéticas insoslayables: el tempo, la respiración, los tonos, los silencios, los contrastes sonoros, los *crescendos* y pianísimos, las cadencias, etc. En diversas cartas y comentarios, Poe se encarga de esbozar instrucciones de uso y reflexiones acerca de esa didascalia, que la fatalidad editorial ha acabado fijando como si fueran marcas morfosintácticas y que, para nosotros y nuestra propia tradición poética castellana, no tienen sentido o, peor aún, lo tienen pero al revés: nos inducen a interpretar semánticamente lo que es pura *mise en scène*. Por supuesto, la parafernalia formal de Poe no se detiene ahí, tal como se desprende de sus propias teorizaciones: las aliteraciones, las rimas internas, los acentos más variados, la iteración casi giróvaga (*Of the bells, bells, bells—* / *Of the bells, bells, bells, bells, / Bells, bells, bells—*), su idea casi melódica de la métrica, la concepción del verso como un compás musical, con sus anacrusas y calderones destroza métricas, los neologismos o paleologismos puestos al servicio de sus resonancias vocálicas, todo en Poe es manipulación extrema de convenciones y recursos. Casi como si se anticipara a los poetas proyectivistas de Black Mountain y le diera la vuelta, cien años antes, al apotegma de Creeley, para Poe «el contenido nunca es más que una extensión de la forma», una vaporización atmosférica de la materia.

Traducir la poesía de Poe a la luz de estas evidencias obliga a repensar la relación entre la recepción de tradición hermenéutica que envuelve al autor, sobre todo en el ámbito de nuestra lengua, como una bola de nieve aparentemente imparable, y el eje dinámico de su obra —sus preocupaciones poéticas, estéticas, performáticas reales—. La historia y avatares de las traducciones de la poesía (y los ensayos) de Poe en el ámbito iberoamericano es aleccionadora y desigual. Los portugueses y brasileños, con Pessoa a la cabeza, autor de una hermosa y ágil versión de «El cuervo» que sin embargo resulta más agreste (por las rimas abiertas en «ais») que tenebrosa, nos llevan, junto con los catalanes, una enorme ventaja prosódica a los castellanos, y eso se ha reflejado sin duda en sus versiones. Y en las nuestras, claro está, tanto americanas como peninsulares. Nosotros carecemos de la síntesis silábica, de la riqueza de grupos consonánticos, de la frondosidad vocálica de otras lenguas romances, y nos hemos de conformar con un aparato sonoro más modesto pero, quizá por eso, más dúctil para algunos menesteres: un simple palo suele tener más aplicaciones prácticas que un complejo micrótomo, cuyo uso está siempre más acotado. Nuestras vocales, por ejemplo, son más toscas pero, a la vez, más versátiles, más ambiguas, y eso las pone perfectamente al servicio de poéticas atmosféricas y efectistas como la de Poe. No obstante, la eterna disputa casi cervantina que se da en el ámbito de la traducción entre la fidelidad al registro simbólico e incluso ideológico y la pulsión por lo real no ayuda o, al menos, no ha ayudado a que esos recursos se liberaran del lastre del «sentido». Incluso versiones de una vocación tan sonora como las del poeta argentino Carlos Obligado, publicadas en 1932 («[Se trata de] una de las constelaciones cenitales de la lírica moderna», dirá Obligado respecto de la poesía de Poe; «son veinticinco o treinta inspiraciones de una virtud patética alucinante, de un idealismo angelizado, de una misteriosa perfección formal [...] gracias a un don que nadie poseyó en tal grado: el de borrar la frontera entre lo sensible y lo ideal»), pierden de pronto el tempo que habían alcanzado y quedan, además, encadenadas a la servidumbre de la rima consonante, que si no es leve e inconsútil resulta en un banal repiqueteo.

Pero nosotros mismos, Dobry y Ehrenhaus, pergeñamos hace ya un par de décadas una antología de versos de Poe (*El cuervo y otros poemas*, en la colección Mitos de Poesía, de la entonces Mondadori, 1998) que adolecía de muchos, si no todos, los inconvenientes que con tanta ligereza señalamos en los demás: metros inconstantes, pies de varias tallas y pisadas, rimas oportunistas y volubles, errores de interpretación o distracción, presunciones desatinadas. Como en todos los casos, había logros y aciertos, y sobre todo el germen en barbecho de una necesaria revisión, bajo una luz más rigurosa. Ahora esa ocasión ha llegado, y también la de aumentar la selección poética hasta abarcar la casi totalidad de los poemas sensatamente atribuibles a Poe. Hemos optado por dejar fuera un drama en verso, *Politian* o «Poliziano», que casi todas las antologías exhaustivas recogen, pero apenas nada más. Y lo hemos hecho, como ya se ha dicho, con la clara voluntad de que interactúen con sus referentes teóricos directos. El resultado es, quizá, un Poe menos idiosincrático de lo habitual pero, esperamos, más fresco y profundamente abocado, en cuerpo y en idea, a la necesidad de devolver a la poesía su cuota de mundo perdida. La traducción que proponemos se aferra, por así decirlo, y parafraseando un viejo chiste escolar sobre Jaimito y las tablas de multiplicar, algo más a la música que a la letra, más a la sílaba o el crujir del silencio que a la palabra o el concepto, más al atrezo sepulcral que a la pesadumbre, más a la belleza que a la Belleza. Hemos puesto especial énfasis en respetar la acentuación de los pies trocaicos (i.e. **Quoth** the **Raven** «**Nevermore!**») o yámbicos (i.e. *From childhood's hour I have not been*) originales, las rimas estructurales (que en esta edición son salvajemente asonantes) que atraviesan, hilvanan y zigzaguean por los versos, los temas y motivos, los vocativos, los juegos de ingenio como anagramas, acrósticos (v. «Un enigma» y su temible licencia de traducción, o «Por San Valentín»), acertijos (v. «Enigma» y su *name-dropping* oculto), citas reales o apócrifas (v. «Al Aaraaf»), mucho más abundantes de lo que uno esperaría en un «autor maldito» (al punto de convertirlo ante nuestros divertidos y fatigados ojos en un «maldito autor»), los sonsonetes, los tropiezos formales incluso, y las ambigüedades; todo aquello, en fin, *hélàs*, que una máquina aún no puede ni sabe cómo atender, por más cerebros humanos que la alimenten.

A diferencia de lo que suelen suponer quienes asumen por primera o incluso por decimosexta vez el vértigo de traducir un poema, el secreto del sentido profundo, el hilo de luz que reverbera al fondo de la fosa abisal, está inscrito en la forma, ha de buscarse en la forma, ha de reproducirse en la forma antes de —o para— traer ese fondo a la superficie. El alma necesita de un cuerpo, no vive sino en la carne, y está antes en el pie elegido por el autor que en la palabra que le es funcional a ese pie; está antes en las ambigüedades forzadas, en las combinaciones rítmicas, en las pausas dramáticas (como el propio Poe se encarga de señalar en su implacable análisis formal de «El cuervo») que en tal o cual término, tal o cual nombre. Poe no tiene el menor empacho en inventar un nombre propio si le convence como *suena*, si lo seduce su oralidad. Y es eso lo que tiene que hacer el traductor: hacer sonar el poema. Dicen que dijo Robert Frost que la poesía es eso que se pierde en la traducción. Pero quienes dicen que lo dijo se basan en una traducción errónea o, cuando menos, interesada y ansiosa del asunto. Frost dice: «*Poetry is what gets lost in translation*». *What gets lost*: lo que se extravía. Como Psique, por ejemplo, extraviada —¡pero no perdida!— en las brumas del lago de Auber, en la mística región de Weir. Es bueno que la poesía se extravíe en las traducciones, pues así es como está en su estado original.

Como texto guía de ese estado original hemos privilegiado la cuidada y sensata edición del poeta Richard Wilbur (*Edgar Allan Poe: Poems & Poetics*, American Poets Project #5, Library of America, 2003), sobre todo en lo concerniente a la ordenación, atribución y versión escogida de los poemas, dada la enorme variedad de propuestas, antologías y controversias bibliográficas que ha suscitado desde siempre su indomeñable y dispersa producción. En algunos, pocos, casos de duda hemos recurrido al más exhaustivo de sus antólogos clásicos, Thomas Olive Mabbott, para zanjar la cuestión. En lo que respecta a los ensayos, nos hemos encomendado a The Edgar Allan Poe Society of Baltimore y su más que munífico corpus crítico y bibliográfico. Como era de esperar en un poeta y narrador de las características de Poe, que vivía de lo que conseguía publicar, vender o hacerse premiar, la reescritura, corrección y reciclaje de textos eran tan frecuentes y febriles en él como la misma creación. De algunos poemas existen seis o siete versiones avaladas, en su momento, por el propio autor o sus editores, algunas de ellas prácticamente coetáneas; de otros, se conocen versiones no publicadas que han evolucionado, en cartas personales o páginas inéditas, hacia formas aparentemente más definitivas; hay, por fin, testimonios de amistades o interlocutores que le atribuyen textos apócrifos o ponen en duda la autoría de otros, abundando en la dificultad de establecer un canon fiable. Por no mencionar el pecado original de Griswold, su fatídico albacea. Toda nueva selección arrastrará resabios endémicos de la herencia de esa obra proteica, que parece estarse reelaborando aún ahora, ciento setenta años después de su muerte; y, de algún modo, nosotros hemos contribuido, queriéndolo o no, a esa mutabilidad. También —esperamos, deseamos— a resaltar una de las aristas más desatendidas de sus ediciones en lengua castellana: la de la música de las esferas.

ANDRÉS EHRENHAUS

EL CUERVO Y OTROS TEXTOS POÉTICOS

TAMERLANE

Kind solace in a dying hour!
  Such, father, is not (now) my theme—
I will not madly deem that power
    Of Earth may shrive me of the sin
    Unearthly pride hath revell'd in—
  I have no time to dote or dream:
You call it hope—that fire of fire!
It is but agony of desire:
If I *can* hope—Oh God! I can—
  Its fount is holier—more divine—
I would not call thee fool, old man,
  But such is not a gift of thine.

Know thou the secret of a spirit
  Bow'd from its wild pride into shame.
O yearning heart! I did inherit
  Thy withering portion with the fame,
The searing glory which hath shone
Amid the Jewels of my throne,
Halo of Hell! and with a pain
Not Hell shall make me fear again—
O craving heart, for the lost flowers
And sunshine of my summer hours!

TAMERLÁN

¡Dulce solaz para el postrero instante!
   Pero ese, ahora, no es, padre, mi tema;
no espero tontamente que me salve
      cierto poder terreno del pecado
      que saboreó mi orgullo sobrehumano:
   no es hora para sueños o tonteras.
¡Dile esperanza a ese fuego de fuego
que no es sino agonía del deseo!
Si yo *puedo* tenerla, ¡oh, Dios!, yo sí
   —su fuente es más sagrada, más divina,
pues ese don no te ha tocado al fin—,
   de tonto, anciano, no te tacharía.

Conoce pues lo oculto de un espíritu
   que hincó su orgullo y se sumió en la infamia.
¡Oh ansioso corazón! Yo heredé *in situ*
   tu asoladora dote con la fama,
la gloria ardiente que brillaba como
un fuego entre las joyas de mi trono,
¡halo infernal!, y con un dolor tal
que ni el Infierno me podrá asustar.
¡Oh corazón que anhelas esos prados
que ya no están y el sol de mis veranos!

The undying voice of that dead time,
With its interminable chime,
Rings, in the spirit of a spell,
Upon thy emptiness—a knell.

I have not always been as now:
The fever'd diadem on my brow
    I claim'd and won usurpingly—
Hath not the same fierce heirdom given
    Rome to the Cæsar—this to me?
        The heritage of a kingly mind,
And a proud spirit which hath striven
        Triumphantly with human kind.

On mountain soil I first drew life:
    The mists of the Taglay have shed
    Nightly their dews upon my head,
And, I believe, the winged strife
And tumult of the headlong air
Have nestled in my very hair.

So late from Heaven—that dew—it fell
    ('Mid dreams of an unholy night)
Upon me with the touch of Hell,
    While the red flashing of the light
From clouds that hung, like banners, o'er,
    Appeared to my half-closing eye
    The pageantry of monarchy,
And the deep trumpet-thunder's roar
    Came hurriedly upon me, telling
        Of human battle, where my voice,
    My own voice, silly child!—was swelling
        (O! how my spirit would rejoice,
And leap within me at the cry)
The battle-cry of Victory!

La voz perenne de ese tiempo muerto
tañe con su repiqueteo eterno
a la manera etérea de un conjuro
sobre el vacío: un toque de difuntos.

No siempre fui tal como soy ahora:
yo reclamé y sustraje la corona
    febril que hay en mi frente; ¿no fue acaso
este brutal legado el que le dio
    al César toda Roma y esto, en cambio,
        a mí? Herencia de una mente regia,
espíritu orgulloso que luchó
    contra la humanidad para vencerla.

En suelo montañoso vi la luz:
    las brumas del Tanglay anochecido
    bañaban mi cabeza con rocío,
y yo diría que el alado albur
y el tumultuoso apremio de los vientos
han podido hacer nido en mis cabellos.

Ese rocío del Cielo fue a tardar
    (entre los sueños de una noche impía)
y me alcanzó con un toque infernal,
    mientras el brillo de la luz cobriza
de nubarrones que, como trofeos,
    ante mis ojos entornados eran
    pomposos lábaros de la realeza
y la fanfarria grave de los truenos
    vinieron a avisarme, apresurados,
        de la batalla humana en que mi voz,
    mi propia voz llamaba (¡niño incauto,
        con qué emoción saltaba en mi interior
mi espíritu al oír la voz fogosa!)
a combatir al grito de ¡Victoria!

The rain came down upon my head
    Unshelter'd—and the heavy wind
    Rendered me mad and deaf and blind.
It was but man, I thought, who shed
    Laurels upon me: and the rush—
The torrent of the chilly air
Gurgled within my ear the crush
    Of empires—with the captive's prayer—
The hum of suitors—and the tone
Of flattery 'round a sovereign's throne.

My passions, from that hapless hour,
    Usurp'd a tyranny which men
Have deem'd, since I have reach'd to power,
      My innate nature—be it so:
    But, father, there liv'd one who, then,
Then—in my boyhood—when their fire
      Burn'd with a still intenser glow
(For passion must, with youth, expire)
    E'en *then* who knew this iron heart
    In woman's weakness had a part.

I have no words—alas!—to tell
The loveliness of loving well!
Nor would I now attempt to trace
The more than beauty of a face
Whose lineaments, upon my mind,
Are——shadows on th' unstable wind:
Thus I remember having dwelt
    Some page of early lore upon,
With loitering eye, till I have felt
The letters—with their meaning—melt
    To fantasies—with none.

La lluvia me mojaba la cabeza
    descubierta, y el despiadado viento
    me dejaba traspuesto, sordo y ciego.
No es más que el hombre, pensé, que despliega
    laureles sobre mí, y un torbellino,
un chorro helado de aire borboteó
    el fin de los imperios en mi oído,
y el ruego del cautivo, y el rumor
de los solicitantes, y el rezongo
de los aduladores junto al trono.

Desde esa hora ingrata, mis pasiones
    se han apropiado de una tiranía
juzgada, desde entonces, por los hombres
    como naturaleza innata: sea;
    pero alguien hubo, padre, en esos días
de mi niñez, cuando era aún más osado
    el brillo de su fuego (pues debieran
enfriarse las pasiones con los años),
    que ya sabía que este férreo pecho
    tenía flaquezas femeninas dentro.

No tengo, ¡ay!, palabras que hagan ver
cuán amoroso es amar con bien.
Ni me permito perfilar tampoco
cómo trasciende a la belleza un rostro
cuyas facciones puras, en mi mente,
son... sombras en la brisa inerte;
así recuerdo haberme demorado
    en algún folio de saber abstruso
hasta que mi ojo errante fue mezclando
palabras y sentidos que mudaron
    en fantasías sin sentido alguno.

O, she was worthy of all love!
   Love—as in infancy was mine—
'Twas such as angel minds above
   Might envy; her young heart the shrine
On which my every hope and thought
   Were incense—then a goodly gift,
     For they were childish and upright—
Pure——as her young example taught:
   Why did I leave it, and, adrift,
     Trust to the fire within, for light?

We grew in age—and love—together—
   Roaming the forest, and the wild;
My breast her shield in wintry weather—
   And, when the friendly sunshine smil'd,
And she would mark the opening skies,
I saw no Heaven—but in her eyes.

Young Love's first lesson is——the heart:
   For 'mid that sunshine, and those smiles,
When, from our little cares apart,
   And laughing at her girlish wiles,
I'd throw me on her throbbing breast,
   And pour my spirit out in tears—
There was no need to speak the rest—
   No need to quiet any fears
Of her—who ask'd no reason why,
But turn'd on me her quiet eye!

Yet *more* than worthy of the love
My spirit struggled with, and strove,
When, on the mountain peak, alone,
Ambition lent it a new tone—
I had no being—but in thee:
   The world, and all it did contain

¡Oh, ella merecía el amor tanto!
    Era ese amor —como el mío en mi infancia—
tal que los ángeles allá en lo alto
    tenían envidia; y su pecho era el ara
donde mis esperanzas y desvelos
    eran incienso, un buen regalo entonces
        pues eran infantiles y decentes,
puros, igual que su joven ejemplo.
    ¿Por qué lo abandoné y, perdiendo el norte,
        confié en que el fuego interno me encendiese?

Crecimos juntos en amor y edad,
    errando por forestas y andurriales;
era mi pecho su abrigo invernal
    y cuando sonreía el sol, amable,
y ella me señalaba el firmamento,
solo en sus ojos yo avistaba el Cielo.

Lección de amor primera: el corazón.
    Pues gracias a ese sol y a las sonrisas
dejábamos de lado el resquemor
    y, riendo de sus tretas de chiquilla,
yo me postraba en su agitado seno
    y desahogaba en lágrimas el alma,
no hacía falta mencionar el resto
    ni aplacar sus miedos hacía falta;
ella no pedía razones cuando
volvía a mí sus ojos sosegados.

Pero a pesar de merecer *tanto* el amor
con que mi espíritu luchaba con tesón,
cuando en la cima montañosa, solo,
le impuso la ambición un nuevo tono,
yo no existía de no ser por ti:
    el mundo y todo lo que contenía,

In the earth—the air—the sea—
   Its joy—its little lot of pain
That was new pleasure——the ideal,
   Dim, vanities of dreams by night—
And dimmer nothings which were real—
   (Shadows—and a more shadowy light!)
Parted upon their misty wings,
      And, so, confusedly, became
      Thine image and—a name—a name!
Two separate—yet most intimate things.

I was ambitious—have you known
      The passion, father? You have not:
A cottager, I mark'd a throne
Of half the world as all my own,
      And murmur'd at such lowly lot—
But, just like any other dream,
      Upon the vapor of the dew
My own had past, did not the beam
      Of beauty which did while it thro'
The minute—the hour—the day—oppress
My mind with double loveliness.

We walk'd together on the crown
Of a high mountain which look'd down
Afar from its proud natural towers
   Of rock and forest, on the hills—
The dwindled hills! begirt with bowers
   And shouting with a thousand rills.

I spoke to her of power and pride,
  But mystically—in such guise
That she might deem it nought beside
   The moment's converse; in her eyes
I read, perhaps too carelessly—

la tierra, el aire, el mar, su son feliz,
   su reducida dosis de desdicha
que era nuevo placer, las vanidades
   ideales y brumosas de los sueños,
y cosas aún más vagas que eran reales
   (¡las sombras y los más sombríos reflejos!)
partieron con sus alas de neblina
   y se volvieron, turbiamente, entonces,
   tu imagen y algo más: un nombre, ¡un nombre!,
dos cosas separadas pero íntimas.

Yo era ambicioso; padre, ¿has conocido
   de cerca las pasiones? No, jamás.
Senté mi trono, siendo campesino,
sobre mitad del mundo en que vivimos
   y encima me quejaba de mi azar.
No obstante, igual que cualquier otro sueño,
   el mío, sobre el vaho del relente,
también pasó y ahora ya no siento
   que el haz de la belleza me conmueve
la mente con su doble maravilla
como antes, cada instante, y hora, y día.

Fuimos andando juntos por un monte
de picos elevados desde donde
se dominaban, lejos de sus propias
   y altivas torres de roca y forestas,
¡las mínimas colinas!, con sus frondas
   y mil arroyos con sus voces frescas.

Le hablé yo del poder y del orgullo,
   pero místicamente, de tal modo
que tal vez ella los tomó por nulos
ante el cariz del diálogo; en sus ojos
leí, quizá de forma intempestiva,

A mingled feeling with my own—
The flush on her bright cheek, to me
    Seem'd to become a queenly throne
Too well that I should let it be
    Light in the wilderness alone.

I wrapp'd myself in grandeur then
    And donn'd a visionary crown——
        Yet it was not that Fantasy
        Had thrown her mantle over me—
But that, among the rabble—men,
        Lion ambition is chain'd down—
And crouches to a keeper's hand—
Not so in deserts where the grand—
The wild—the terrible conspire
With their own breath to fan his fire.

Look 'round thee now on Samarcand!—
    Is she not queen of Earth? her pride
Above all cities? in her hand
    Their destinies? in all beside
Of glory which the world hath known
Stands she not nobly and alone?
Falling—her veriest stepping-stone
Shall form the pedestal of a throne—
And who her sovereign? Timour—he
    Whom the astonished people saw
Striding o'er empires haughtily
    A diadem'd outlaw!

O, human love! thou spirit given,
On Earth, of all we hope in Heaven!
Which fall'st into the soul like rain
Upon the Siroc-wither'd plain,
And, failing in thy power to bless,

un sentimiento muy unido al mío.
Viendo el rubor que ardía en sus mejillas,
    creí que era perfectamente digno
del trono de una reina y no podía
    dejar a esa luz sola y sin cobijo.

Así que me envolví en grandeza acorde,
    luciendo una corona visionaria...
        No, no era que la Fantasía al fin
        lograra echar su manto sobre mí,
sino que entre la plebe —o sea, el hombre—
    toda ambición leonina está engrillada
y se acurruca al pie de su guardián;
mas no en desiertos donde lo brutal,
lo indómito y grandioso, y su resuello,
se abocan juntos a avivar su fuego.

¡Ve a Samarcanda ahora en torno tuyo!
    ¿No es reina de la Tierra? ¿La más regia
de todas las ciudades? Con su puño,
    ¿no rige sus destinos? ¿Y no es ella
de todas la que, a la par de la gloria
que el mundo ha visto, se alza noble y sola?
Y cuando caiga su último peldaño
y el pedestal de un trono quede en alto,
¿su soberano quién será? Aquel
    Timor al que las gentes aleladas
vieron saquear imperios a sus anchas,
    ¡un rey al margen de la ley!

¡Oh amor humano! Espíritu terreno
de aquello que anhelamos en el Cielo.
¡En nuestras almas caes como lluvia
sobre los llanos que el Siroco abruma
y al no poder calmarnos con su aliento

But leav'st the heart a wilderness!
Idea! which bindest life around
With music of so strange a sound
And beauty of so wild a birth—
Farewell! for I have won the Earth.

When Hope, the eagle that tower'd, could see
   No cliff beyond him in the sky,
His pinions were bent droopingly—
   And homeward turn'd his soften'd eye.
'Twas sunset: when the sun will part
There comes a sullenness of heart
To him who still would look upon
The glory of the summer sun.
That soul will hate the ev'ning mist
So often lovely, and will list
To the sound of the coming darkness (known
To those whose spirits harken) as one
Who, in a dream of night, *would* fly
But *cannot* from a danger nigh.

What tho' the moon—the white moon
Shed all the splendor of her noon,
Her smile is chilly—and *her* beam,
In that time of dreariness, will seem
(So like you gather in your breath)
A portrait taken after death.
And boyhood is a summer sun
Whose waning is the dreariest one—
For all we live to know is known
And all we seek to keep hath flown—
Let life, then, as the day-flower, fall
With the noon-day beauty—which is all.

dejas el corazón como un desierto!
Idea que te enredas en la vida
con sones de tan raras melodías
y tan feroz linaje de belleza:
¡Adiós! Pues yo ya dominé la Tierra.

Cuando Esperanza, el águila avizora,
    no vio ya acantilados por encima,
acampanó las alas y la cola
    y se volvió hacia el nido, enternecida.
Era el ocaso: cuando parte el sol
se llena de congoja el corazón
de quien continuaría, conmovido,
mirando el esplendor del sol de estío.
Ese alma, que odia la niebla nocturna
a veces tan encantadora, escucha
los ecos de la penumbra que avanza
(tan familiares para quien aguarda)
como alguien que entre sueños *quiere*
volar de algún peligro mas *no puede*.

Y aunque la luna, luna blanca, vierta
desde su zenit toda su grandeza,
es hielo su sonrisa, y su destello,
en esa lobreguez, tiene el aspecto
(tan similar que el hálito se encoje)
intenso de un retrato hecho post mortem.
Y la niñez es un sol de verano
que es el más afligido en el ocaso,
pues el saber buscado ya es sabido
y se ha volado lo que retendríamos.
Que caiga, flor de un día, pues, la vida
con la belleza impar del mediodía.

I reach'd my home—my home no more—
　　For all had flown who made it so.
I pass'd from out its mossy door,
　　And, tho' my tread was soft and low,
A voice came from the threshold stone
Of one whom I had earlier known—
　　O, I defy thee, Hell, to show
　　On beds of fire that burn below,
　　An humbler heart—a deeper wo.

Father, I firmly do believe—
　　I *know*—for Death who comes for me
　　　From regions of the blest afar,
Where there is nothing to deceive,
　　　Hath left his iron gate ajar,
　　And rays of truth you cannot see
　　Are flashing thro' Eternity——
I do believe that Eblis hath
A snare in every human path—
Else how, when in the holy grove
I wandered of the idol, Love,
Who daily scents his snowy wings
With incense of burnt offerings
From the most unpolluted things,
Whose pleasant bowers are yet so riven
Above with trellic'd rays from Heaven
No mote may shun—no tiniest fly—
The light'ning of his eagle eye—
How was it that Ambition crept,
　　Unseen, amid the revels there,
Till growing bold, he laughed and leapt
　　In the tangles of Love's very hair?

Llegué a mi hogar, hogar que ya no lo era
    pues se habían ido quienes lo formaban.
Crucé el umbral de su musgosa puerta
    y, aunque era leve y muda mi pisada,
se oyó una voz saliendo del dintel
de alguien a quien supe conocer.
    Te reto a que demuestres, oh Infierno,
    que existe abajo, en tus lechos de fuego,
    dolor más hondo o corazón más bueno.

Padre, yo pienso firmemente —y sé,
    porque la Muerte que me está detrás
        desde tierras lejanas y benditas
donde no hay nada que engañar ni a quién,
        dejó entreabierta su puerta maciza
    y rayos de Verdad que no verás
    refulgen por toda la Eternidad—
creo, decía, que Iblís ha plagado
de trampas todo aquel camino humano;
¿cómo, si no, cuando en el sacro bosque
me separé de Amor, aquel que pone
en sus alas de nieve el mismo incienso
de las ofrendas donde están ardiendo
los más inmaculados elementos,
el bosque que entreteje sus ramajes
con una urdimbre de haces celestiales
de modo que no hay átomo o insecto
que eluda el iris de su ojo aguileño,
cómo es, si no, que pudo la Ambición
    reptar sin ser visible entre los fastos
hasta que, más osada ya, rio
    y a los rizos de Amor subió de un salto?

SONG

I saw thee on thy bridal day—
   When a burning blush came o'er thee,
Though happiness around thee lay,
   The world all love before thee:

And in thine eye a kindling light
   (Whatever it might be)
Was all on Earth my aching sight
   Of Loveliness could see.

That blush, perhaps, was maiden shame—
   As such it well may pass—
Though its glow hath raised a fiercer flame
   In the breast of him, alas!

Who saw thee on that bridal day,
   When that deep blush *would* come o'er thee,
Though happiness around thee lay,
   The world all love before thee.

DREAMS

Oh! that my young life were a lasting dream!
My spirit not awak'ning till the beam
Of an Eternity should bring the morrow:
Yes! tho' that long dream were of hopeless sorrow,
'Twere better than the dull reality
Of waking life to him whose heart shall be,
And hath been ever, on the chilly earth,
A chaos of deep passion from his birth!

CANCIÓN

Te vi en tu boda y ese día
   noté un rubor que ardía en ti,
aun a pesar de tanta dicha
   y amor del mundo en torno a ti;

y vi el candil que había en tus ojos
   (fuera el que fuese su porqué):
ya no hubo en Tierra otro tesoro
   que mi dolor quisiera ver.

Quizá era casto aquel pudor
   y por lo tanto pasajero,
mas su destello despertó
   un fuego intenso en ese pecho

que fue a tu boda y aquel día
   vio que el rubor surgía en ti,
aun a pesar de tanta dicha
   y amor del mundo en torno a ti.

SUEÑOS

¡Que sea mi joven vida un sueño vasto
del que despierte solo cuando el rayo
de cierta Eternidad anuncie el día!
¡Sí! Aunque el sueño fuera pesadilla
siempre sería mejor que estar despierto
para quien tuvo, desde el nacimiento
en esta helada tierra, el corazón
preso de la pasión y el descontrol.

But should it be—that dream eternally
Continuing—as dreams have been to me
In my young boyhood—should it thus be given,
'Twere folly still to hope for higher Heaven!
For I have revell'd, when the sun was bright
In the summer sky; in dreamy fields of light,
And left unheedingly my very heart
In climes of mine imagining—apart
From mine own home, with beings that have been
Of mine own thought—what more could I have seen?

'Twas once and *only* once and the wild hour
From my remembrance shall not pass—some power
Or spell had bound me—'twas the chilly wind
Came o'er me in the night and left behind
Its image on my spirit, or the moon
Shone on my slumbers in her lofty noon
Too coldly—or the stars—howe'er it was
That dream was as that night wind—let it pass.

I have been happy—tho' but in a dream.
I have been happy—and I love the theme—
Dreams! in their vivid colouring of life—
As in that fleeting, shadowy, misty strife
Of semblance with reality which brings
To the delirious eye more lovely things
Of Paradise and Love—and all our own!
Than young Hope in his sunniest hour hath known.

Mas si ese sueño eterno continuara
tal como aquellos sueños que soñaba
en mi niñez, sería, en ese caso,
absurdo pretender Cielos más altos.
Porque gocé, cuando en verano el cielo
ardía al sol, en campos somnolientos,
y en climas inventados por mí mismo
dejé a mi corazón desatendido,
con seres que fraguó mi propia mente
—lejos de casa. ¿Qué más puede verse?

Pero una vez, *solo* una vez —su huella
brutal no se me irá de la memoria— cierta
potencia me hechizó: fue el viento helado,
que me envolvió en la noche, cincelando
su imagen en mi espíritu, o la luna,
que iluminó mis sueños con su alcurnia,
tan fría... o las estrellas... qué más da.
El sueño es como el viento: ha de pasar.

Sí, fui feliz, aunque en un sueño fuera.
Sí, fui feliz, y me apasiona el tema:
¡sueños! Por su vivaz color de vida
y por su lucha lóbrega y furtiva
entre apariencia y realidad, que trae
de Amor y Edén más cosas adorables
al ojo delirante —¡y todas nuestras!—
que cuantas la Esperanza joven viera.

SPIRITS OF THE DEAD

I

Thy soul shall find itself alone
'Mid dark thoughts of the gray tomb-stone—
Not one, of all the crowd, to pry
Into thine hour of secrecy:

II

Be silent in that solitude,
   Which is not loneliness—for then
The spirits of the dead who stood
   In life before thee are again
In death around thee—and their will
Shall overshadow thee: be still.

III

The night—tho' clear—shall frown—
And the stars shall look not down,
From their high thrones in the heaven,
With light like Hope to mortals given—
But their red orbs, without beam,
To thy weariness shall seem
As a burning and a fever
Which would cling to thee for ever.

IV

Now are thoughts thou shalt not banish—
Now are visions ne'er to vanish—
From thy spirit shall they pass
No more—like dew-drop from the grass.

Espíritus de los muertos

I

Tu alma se ha de hallar perdida y sola
entre el funéreo ensueño de las losas;
en todo ese gentío, nadie habrá
que vaya a disturbar tu hora de paz.

II

Guarda silencio en esas soledades
   que no están despobladas, si no quieres
que los espíritus de muertos que antes
   de ti vivieron ahora se presenten
en torno a ti en su muerte, y su deseo
te suma en sombras: tú mantente quieto.

III

La noche clara enlutará su ceño
y las estrellas, regias en el cielo,
no irradiarán hacia estos arrabales
la luz de una Esperanza a los mortales.
Sus rojos halos sin fulgor
serán para tu extenuación
como una quemazón, como una fiebre
que querrán abrazarte para siempre.

IV

Ya no desterrarás ciertas ideas
ni habrá visiones que se desvanezcan;
ya de tu espíritu jamás se irán
como se va el rocío del hierbal.

The breeze—the breath of God—is still—
And the mist upon the hill
Shadowy—shadowy—yet unbroken,
Is a symbol and a token—
How it hangs upon the trees,
A mystery of mysteries!—

EVENING STAR

'Twas noontide of summer,
    And mid-time of night;
And stars, in their orbits,
    Shone pale, thro' the light
Of the brighter, cold moon,
    'Mid planets her slaves,
Herself in the Heavens,
    Her beam on the waves.
    I gaz'd awhile
    On her cold smile;
Too cold—too cold for me—
    There pass'd, as a shroud,
    A fleecy cloud,
And I turn'd away to thee,
    Proud Evening Star,
    In thy glory afar,
And dearer thy beam shall be;
    For joy to my heart
    Is the proud part
Thou bearest in Heav'n at night,
    And more I admire
    Thy distant fire,
Than that colder, lowly light.

V.

La brisa, vaho de Dios, está tranquila,
y encaramada al monte, la neblina,
sombría, muy sombría pero intacta,
es símbolo y es también emblema:
cómo se aferra al bosque en sobrevuelo,
¡misterio de misterios!

LUCERO VESPERTINO

Fue a medianoche, en pleno
    solsticio de verano;
las estrellas franqueaban
    con palidez el halo
más vivaz de la luna,
    que, fría, entre la ronda
de planetas esclavos,
    se espejaba en las olas.
    Posé la vista
    en su sonrisa,
tan fría, sí, tan fría;
    pasó una nube,
    mortaja suple:
y allí te vi a lo lejos,
    lucero ufano,
    tu gloria en alto,
tu brillo, el más dilecto;
    pues mi alma goza
    con tu orgullosa,
nocturna, astral querencia,
    y más me place
    tu ardor distante
que esa luz fría y plebeya.

"STANZAS"

How often we forget all time, when lone
Admiring Nature's universal throne;
Her woods—her wilds—her mountains—the intense
Reply of HERS to OUR intelligence!

I

In youth have I known one with whom the Earth
In secret communing held—as he with it,
In day light, and in beauty from his birth:
Whose fervid, flick'ring torch of life was lit
From the sun and stars, whence he had drawn forth
A passionate light—such for his spirit was fit—
And yet that spirit knew—not in the hour
Of its own fervor—what had o'er it power.

2

Perhaps it may be that my mind is wrought
To a ferver by the moon beam that hangs o'er,
But I will half believe that wild light fraught
With more of sov'reignty than ancient lore
Hath ever told—or is it of a thought
The unembodied essence, and no more
That with a quick'ning spell doth o'er us pass
As dew of the night-time, o'er the summer grass?

3

Doth o'er us pass, when, as th' expanding eye
To the lov'd object—so the tear to the lid
Will start, which lately slept in apathy?
And yet it need not be—(that object) hid

"Estrofas"

Frecuente es olvidar el tiempo todo
ante Natura y su imponente trono;
sus bosques, selvas, montes, esa intensa
respuesta SUYA a NUESTRA inteligencia.

I

Yo conocí de joven a aquel con quien la Tierra
estaba —y él con ella, desde su nacimiento—
en comunión secreta de luz diurna y belleza;
vi su férvida antorcha de vida, que encendieron
el sol y las estrellas, de donde él proveía
de apasionada luz a su espíritu, pero,
a la hora del fervor, no supo percatarse
de qué cosa ejercía sobre él poder tan grande.

2

Quizá el resplandor de luna que planea
encima de mi mente sea causa de su fiebre,
mas quiero suponerle a esa luz certera
mayor soberanía de la que los saberes
antiguos le adjudican; ¿o es la incorpórea esencia
de solo un pensamiento que pasa velozmente
sobre nosotros como, en alas de un hechizo,
pasa el rocío nocturno sobre el pasto en estío?

3

¿Pasa sobre nosotros cuando el ojo se expande
hacia el objeto amado, así como la lágrima
va al párpado indolente y dormido hace un instante?
Mas no ha de estar oculto a nuestras cotidianas

From us in life—but common—which doth lie
Each hour before us—but *then* only bid
With a strange sound, as of a harp-string broken
T' awake us—'Tis a symbol and a token.

4

Of what in other worlds shall be—and giv'n
In beauty by our God, to those alone
Who otherwise would fall from life and Heav'n
Drawn by their heart's passion, and that tone,
That high tone of the spirit which hath striv'n
Tho' not with Faith—with godlines—whose throne
With desp'rate energy 't hath beaten down;
Wearing its own deep feeling as a crown.

A DREAM

In visions of the dark night
    I have dreamed of joy departed—
But a waking dream of life and light
    Hath left me broken-hearted.

Ah! what is not a dream by day
    To him whose eyes are cast
On things around him with a ray
    Turned back upon the past?

That holy dream—that holy dream,
    While all the world were chiding,
Hath cheered me as a lovely beam
    A lonely spirit guiding.

miradas (ese objeto), sino que ha de ser parte
común de nuestra vida, *y entonces sí* una salva
extraña que lo anuncie cual cuerda de arpa vieja
que sepa despertarnos; es símbolo y emblema

4

de lo que en otros mundos podría haber de bello
y nuestro Dios dará, aunque lo hará tan solo
para quienes, si no, perdían vida y Cielo
cegados por el fuego de la pasión y el tono,
el elevado tono de espíritus guerreros
sin Fe mas con piedad, y cuyo trono pronto
rompieron en pedazos con energía ansiosa,
portando su honda pena a modo de corona.

UN SUEÑO

Entre visiones nocturnales
   soñé con júbilos lejanos;
me despertó un sueño radiante
   que el corazón me ha destrozado.

Ay, ¿qué no es sueño, aun de día,
   para el que posa la mirada
en los objetos con la mira
   vuelta hacia atrás, como una flama?

Pero ese sueño, santo sueño,
   mientras el mundo era un quebranto,
me confortó como un destello
   que, amable, guía al solitario.

What though that light, thro' storm and night,
    So trembled from afar—
What could there be more purely bright
    In Truth's day-star?

"THE HAPPIEST DAY"

The happiest day—the happiest hour
    My sear'd and blighted heart hath known,
The highest hope of pride, and power,
    I feel hath flown.

Of power! said I? yes! such I ween
    But they have vanish'd long alas!
The visions of my youth have been—
    But let them pass.

And, pride, what have I now with thee?
    Another brow may ev'n inherit
The venom thou hast pour'd on me—
    Be still my spirit.

The happiest day—the happiest hour
    Mine eyes shall see—have ever seen
The brightest glance of pride and power
    I feel—have been:

But were that hope of pride and power
    Now offer'd, with the pain
Ev'n *then* I felt—that brightest hour
    I would not live again:

For on its wing was dark alloy
    And as it flutter'd—fell

Pues, aunque aquella luz de allende
    ondeara en noches de tormenta,
¿qué ha de brillar más puramente
    a la luz diurna y verdadera?

"EL DÍA MÁS FELIZ"

El día y la hora más felices
    que vio mi exangüe corazón
—cuanto poder y orgullo quise—
    han dicho adiós.

¿Poder, he dicho? Sí, tal vez,
    pero se han ido, ¡ay!, tiempo atrás,
pasiones juveniles pues,
    que marchen ya.

Y orgullo, tú, ¿por qué me sigues?
    No fuera que otra frente herede
esa ponzoña que me diste...
    Alma, contente.

El día y la hora más felices
    que mi ojo ha visto y ha de ver,
donde poder y orgullo brillen,
    no están, lo sé.

Mas si me ofrecen hoy la euforia
    de orgullo y de poder, incluida
la pena que sufrí, esa hora
    no la reviviría,

pues el metal vil de sus alas
    soltaba en vuelo una emulsión

An essence—powerful to destroy
  A soul that knew it well.

THE LAKE — TO —

In spring of youth it was my lot
To haunt of the wide world a spot
The which I could not love the less—
So lovely was the loneliness
Of a wild lake, with black rock bound,
And the tall pines that towered around.

But when the Night had thrown her pall
Upon that spot, as upon all,
And the mystic wind went by
Murmuring in melody—
Then—ah then I would awake
To the terror of the lone lake.

Yet that terror was not fright,
But a tremulous delight—
A feeling not the jewelled mine
Could teach or bribe me to define—
Nor Love—although the Love were thine.

Death was in that poisonous wave,
And in its gulf a fitting grave
For him who thence could solace bring
To his lone imagining—
Whose solitary soul could make
An Eden of that dim lake.

tan corrosiva que arrasaba
al alma que la conoció.

El lago... A... *

Mi joven primavera me condujo
a frecuentar de todo el ancho mundo
un sitio que no pude amar yo más:
tan adorable era la soledad
del lago agreste, en roca negra envuelto
y pinos como torres hasta el cielo.

Mas cuando la mortaja de la tarde
caía allí, igual que en todas partes,
mientras el viento místico pasaba
cantando melodías susurradas,
entonces sí, despertaba turbado
por el terror del lago solitario.

No obstante no era miedo ese terror
sino un trémulo goce, sensación
que ni una mina de diamantes puros
puede enseñarme o sobornarme al punto
de definir; ni Amor, aun siendo el tuyo.

La muerte estaba en esa ola mefítica,
y dentro había una tumba a la medida
de aquel cuya imaginación, tan sola,
podía hallar solaz en esas ondas;
y cuyo espíritu desamparado
hizo un Edén de aquel umbrío lago.

SONNET—TO SCIENCE

Science! true daughter of Old Time thou art!
    Who alterest all things with thy peering eyes.
Why preyest thou thus upon the poet's heart,
    Vulture, whose wings are dull realities?
How should he love thee? or how deem thee wise,
    Who wouldst not leave him in his wandering
To seek for treasure in the jewelled skies,
    Albeit he soared with an undaunted wing?
Hast thou not dragged Diana from her car?
    And driven the Hamadryad from the wood
To seek a shelter in some happier star?
    Hast thou not torn the Naiad from her flood,
The Elfin from the green grass, and from me
The summer dream beneath the tamarind tree?

AL AARAAF

PART I

O! nothing earthly save the ray
(Thrown back from flowers) of Beauty's eye,
As in those gardens where the day
Springs from the gems of Circassy—
O! nothing earthly save the thrill
Of melody in woodland rill—
Or (music of the passion-hearted)
Joy's voice so peacefully departed
That like the murmur in the shell,
Its echo dwelleth and will dwell—
Oh, nothing of the dross of ours—
Yet all the beauty—all the flowers
That list our Love, and deck our bowers—

Soneto: a la ciencia

¡Ciencia! ¡Del viejo Cronos hija auténtica!
   Todo lo alteran tus ojos fisgones.
¿Por qué hurgas en el corazón del poeta,
   buitre de alas concretas y mediocres?
¿Cómo iba a amarte, o a admirar tus logros,
   si no permites que en sus escapadas
busque en el celestial joyel tesoros
   aunque lo surque con osadas alas?
¿No arrebataste a Diana de su carro?
   ¿No echaste a las adriadas del boscaje
para que un astro afín les diese amparo?
   ¿No le quitaste cauces a la náyade,
el verde pasto al elfo y a mí el tibio
   sueño estival al pie del tamarindo?

Al Aaraaf

PARTE I

¡Oh, nada terrenal excepto el rayo
(que las flores redoblan) de Belleza,
como en esos jardines circasianos
donde el albor despunta de las gemas!
¡No, nada terrenal excepto el goce
del cantarín arroyo por el bosque
o (música de espíritus febriles)
la voz de un Júbilo que al extinguirse
conserva su eco vivo a todas horas,
como el murmullo de las caracolas!
¡No, nada del fangal que nos rodea
y en cambio sí lo bello, sí las flores
—que orlan nuestro Amor y los balcones—

Adorn yon world afar, afar—
The wandering star.

   'Twas a sweet time for Nesace—for there
Her world lay lolling on the golden air,
Near four bright suns—a temporary rest—
An oasis in desert of the blest.
Away—away—'mid seas of rays that roll
Empyrean splendor o'er th' unchained soul—
The soul that scarce (the billows are so dense)
Can struggle to its destin'd eminence—
To distant spheres, from time to time, she rode,
And late to ours, the favour'd one of God—
But, now, the ruler of an anchor'd realm,
She throws aside the sceptre—leaves the helm,
And, amid incense and high spiritual hymns,
Laves in quadruple light her angel limbs.

   Now happiest, loveliest in yon lovely Earth,
Whence sprang the "Idea of Beauty" into birth,
(Falling in wreaths thro' many a startled star,
Like woman's hair 'mid pearls, until, afar,
It lit on hills Achaian, and there dwelt)
She look'd into Infinity—and knelt.
Rich clouds, for canopies, about her curled—
Fit emblems of the model of her world—
Seen but in beauty—not impeding sight
Of other beauty glittering thro' the light—
A wreath that twined each starry form around,
And all the opal'd air in color bound.

   All hurriedly she knelt upon a bed
Of flowers: of lilies such as rear'd the head
On the fair Capo Deucato, and sprang
So eagerly around about to hang

engalanan tu mundo aparte, aparte,
estrella errante!

Para Nesace aquellos fueron tiempos muy gratos,
pues su mundo pendía del espacio dorado,
cerca de cuatro soles, efímero respiro,
un oasis del desierto que habitan los benditos.
Lejos, lejos, por mares cuyos rayos empapan
de empíreos esplendores al alma libertada
—esa alma que arduamente (las nubes son tan densas)
consigue abrirse paso y alcanzar su eminencia—
solía rumbear ella hacia esferas distantes
y, después, ya a la nuestra, preferida del Padre.
Ahora que gobierna, en cambio, un reino anclado,
Nesace arroja el cetro, deja el timón sin mando
y, rodeada de excelsos himnos y de incienso,
lava en cuádruple luz sus angélicos miembros.

Adorable y feliz, ya en esa amable Tierra,
la misma que engendró la «Idea de Belleza»
(que los astros turbados atravesó en guirnaldas
cual trenzas de mujer entre ristras perladas
hasta alumbrar los cerros aqueos, donde habita),
ella oteó el Infinito y cayó de rodillas.
Rodeándola en dosel, se alzaron altas nubes
—emblemas del modelo de su mundo, que luce
tan solo en la belleza, sin impedir que aún
otra belleza irrumpa brillando entre la luz—,
guirnalda que enhebraba los luceros contiguos,
llenando de colores todo el aire opalino.

Fue a arrodillarse aprisa sobre un lecho de flores:
de lirios como aquellos que ensanchaban los bordes
del fabuloso Capo Deucato y que se erguían
por doquier, como ansiando perseguir la deriva

Upon the flying footsteps of—deep pride—
Of her who lov'd a mortal—and so died.
The Sephalica, budding with young bees,
Uprear'd its purple stem around her knees:
And gemmy flower, of Trebizond misnam'd—
Inmate of highest stars, where erst it sham'd
All other loveliness: its honied dew
(The fabled nectar that the heathen knew)
Deliriously sweet, was dropp'd from Heaven,
And fell on gardens of the unforgiven
In Trebizond—and on a sunny flower
So like its own above that, to this hour,
It still remaineth, torturing the bee
With madness, and unwonted reverie:
In Heaven, and all its environs, the leaf
And blossom of the fairy plant, in grief
Disconsolate linger—grief that hangs her head,
Repenting follies that full long have fled,
Heaving her white breast to the balmy air,
Like guilty beauty, chasten'd, and more fair:
Nyctanthes too, as sacred as the light
She fears to perfume, perfuming the night:
And Clytia pondering between many a sun,
While pettish tears adown her petals run:
And that aspiring flower that sprang on Earth—
And died, ere scarce exalted into birth,
Bursting its odorous heart in spirit to wing
Its way to Heaven, from garden of a king:
And Valisnerian lotus thither flown
From struggling with the waters of the Rhone:
And thy most lovely purple perfume, Zante!
Isola d'oro!—Fior di Levante!
And the Nelumbo bud that floats for ever
With Indian Cupid down the holy river—

de los pasos alados —¡orgulloso desvelo!—
de la que amó a un mortal... y así murió por ello.
Lactada por lozanas abejas, la Sephalica
le abrazó las rodillas con su tallo escarlata,
y una gema hecha flor —que no es de Trebisonda,
pues en astros más altos ya abochornaba a otras
bellezas agraciadas— derramó su dulcísimo
y apreciado rocío, meloso hasta el delirio
(ese néctar de fábula que conoció el pagano),
desde el Cielo a los parques del nunca perdonado
señor de Trebisonda, donde una flor soleada,
en todo similar a la de arriba, lo guarda
consigo aún ahora, sumiendo en la demencia
y en confusos ensueños a la bárbara abeja.
En el Cielo y en todos sus confines, la hoja
y los brotes de aquella mágica planta rondan
desconsoladamente, con la cabeza gacha
en arrepentimiento de locuras pasadas
y el blanco seno henchido contra el aire sedante,
cual belleza culpable que es más bella al postrarse.
Y Nictantes, sagrada como la luz insomne
que teme perfumar al perfumar la noche;
también Clitia, indecisa entre más de un sol,
mientras lágrimas irascibles ruedan por sus umbelas;
y esa flor anhelante que en la Tierra vio el día
y murió sin apenas ser llamada a la vida:
fragante corazón que en espíritu se fue
volando hacia los Cielos desde el jardín de un rey;
y el loto Valisneria, que huyó hasta allí tan solo
cansado de luchar con las aguas del Ródano;
y tu más delicado perfume carmín, Zante,
Isola d'oro! Fior di Levante!;
y el Nelumbo que lleva para siempre, flotando,
al Cupido de India por el río sagrado;

Fair flowers, and fairy! to whose care is given
To bear the Goddess' song, in odors, up to Heaven:

"Spirit! that dwellest where,
   In the deep sky,
The terrible and fair,
   In beauty vie!
Beyond the line of blue—
   The boundary of the star
Which turneth at the view
   Of thy barrier and thy bar—
Of the barrier overgone
   By the comets who were cast
From their pride, and from their throne
   To be drudges till the last—
To be carriers of fire
   (The red fire of their heart)
With speed that may not tire
   And with pain that shall not part—
Who livest—*that* we know—
   In Eternity—we feel—
But the shadow of whose brow
   What spirit shall reveal?
Tho' the beings whom thy Nesace,
   Thy messenger hath known
Have dream'd for thy Infinity
   A model of their own—
Thy will is done, Oh, God!
   The star hath ridden high
Thro' many a tempest, but she rode
   Beneath thy burning eye;
And here, in thought, to thee—
   In thought that can alone
Ascend thy empire and so be
   A partner of thy throne—

encantadoras flores —¡y encantadas!— que portan
hasta el Cielo, en perfumes, la canción de la Diosa:

«¡Espíritu, tú que vives
    en el cielo profundo,
donde en belleza compiten
    lo terrible y lo puro!
Tras el confín de la estrella,
    frontera azul del astro
que giró al ver tu barrera
    pues le vedaba el paso,
esa barrera burlada
    por cometas desposeídos
de su orgullo y trono para
    hacer de esclavos sumisos
y portar el fuego rojo
    (fuego de sus corazones),
como un deber doloroso,
    incansables y veloces;
vives —*eso sí* sabemos—
    vida —intuimos— eterna,
mas la sombra de tu ceño
    ¿qué espíritu nos revela?
Y aunque seres que Nesace,
    tu enviada, conocía
se soñaron a la imagen
    de tu presencia infinita,
¡se hizo al fin tu voluntad!
    La estrella en alto remontó
mil tormentas, más allá
    de tu ojo en llamas, oh Dios;
y aquí, en pensamiento, a ti
    —en pensamiento, pues solo
se accede a tu imperio así
    para estar junto a tu trono— ,

By winged Fantasy,
　　My embassy is given,
Till secrecy shall knowledge be
　　In the environs of Heaven."

She ceas'd—and buried then her burning cheek
Abash'd, amid the lilies there, to seek
A shelter from the fervour of His eye;
For the stars trembled at the Deity.
She stirr'd not—breath'd not—for a voice was there
How solemnly pervading the calm air!
A sound of silence on the startled ear
Which dreamy poets name "the music of the sphere."
Ours is a world of words: Quiet we call
"Silence"—which is the merest word of all.
All Nature speaks, and ev'n ideal things
Flap shadowy sounds from visionary wings—
But ah! not so when, thus, in realms on high
The eternal voice of God is passing by,
And the red winds are withering in the sky!

'What tho' in worlds which sightless cycles run,
　　Link'd to a little system, and one sun—
Where all my love is folly and the crowd
Still think my terrors but the thunder cloud,
The storm, the earthquake, and the ocean-wrath—
(Ah! will they cross me in my angrier path?)
What tho' in worlds which own a single sun
The sands of Time grow dimmer as they run,
Yet thine is my resplendency, so given
To bear my secrets thro' the upper Heaven.
Leave tenantless thy crystal home, and fly,
With all thy train, athwart the moony sky—
Apart—like fire-flies in Sicilian night,
And wing to other worlds another light!

con la Fantasía alada
   yo mi embajada te entrego
hasta que el secreto se haga
   saber allende los Cielos.»

Calló, ocultando la mejilla ardiente,
buscando entre los lirios mantenerse
a salvo del fervor de Su mirada,
pues las estrellas ante el Dios temblaban.
¡No habló ni respiró, de tan solemne
que una voz perfundía el aire inerte!
Redoble del silencio, que los poetas
llaman la «música de las esferas».
Nuestro mundo es de palabras: decirle
«silencio» a la quietud es lo más simple.
Toda Natura habla; hasta las cosas
ideales aletean notas foscas...
Mas, ay, ¡jamás cuando en los reinos altos
la eterna voz de Dios está pasando
y el viento rojo amaina en el ocaso!

«Si bien en mundos con ciclos sutiles,
un solo sol y de sistemas simples,
donde mi amor es loco y todos juzgan
que mis terrores son la nube oscura,
el sismo, la tormenta, el mar airado
(¿querrán salirme al paso cuando rabio?);
si bien en mundos con un sol la arena
del Tiempo, cuanto más corre más mengua,
te doy mi resplandor con mis secretos
para subirlos al más alto cielo.
Deja tu casa de cristal y surca
con tu convoy el manto de la luna;
¡Ve ya, y como lucernas sicilianas,
otras luces a otros mundos regala!

Divulge the secrets of thy embassy
To the proud orbs that twinkle—and so be
To ev'ry heart a barrier and a ban
Lest the stars totter in the guilt of man!"

Up rose the maiden in the yellow night,
The single-mooned eve!—on Earth we plight
Our faith to one love—and one moon adore—
The birth-place of young Beauty had no more.
As sprang that yellow star from downy hours
Up rose the maiden from her shrine of flowers;
And bent o'er sheeny mountain and dim plain
Her way—but left not yet her Theræan reign.

PART II

High on a mountain of enamell'd head—
Such as the drowsy shepherd on his bed
Of giant pasturage lying at his ease,
Raising his heavy eyelid, starts and sees
With many a mutter'd "hope to be forgiven"
What time the moon is quadrated in Heaven—
Of rosy head, that towering far away
Into the sunlit ether, caught the ray
Of sunken suns at eve—at noon of night,
While the moon danc'd with the fair stranger light—
Uprear'd upon such height arose a pile
Of gorgeous columns on th' unburthen'd air,
Flashing from Parian marble that twin smile
Far down upon the wave that sparkled there,
And nursled the young mountain in its lair.
Of molten stars their pavement, such as fall
Thro' the ebon air, besilvering the pall
Of their own dissolution, while they die—
Adorning then the dwellings of the sky.

Divulga los secretos de tu empresa
a los altivos orbes que chispean,
y ponle límite a los corazones:
¡Que no paguen los astros por los hombres!»

Se alzó en la noche de ámbar la doncella
—¡albor de única luna!—, que en la Tierra
a un solo amor nos damos, y a una luna:
no hay más en el crisol de la Hermosura.
Al despuntar el disco gualda, insomne,
se irguió la joven de su altar de flores
y por lustrosos montes y hoscos llanos
torció, mas sin dejar su hogar teráseo.

PARTE II

En lo alto de una cima nacarada
—como el pastor ocioso que en su cama
de extensos pasturales se desvela,
alza el pesado párpado y otea
(al rezo de «ojalá se me perdone»)
en qué cuadrante está la luna entonces—,
una rosada cima que, a lo lejos,
captó, al rozarla el éter, el destello
de soles declinantes —cuando danza
la luna con la bella luz más rara—
sobre esa cima, en el aire liviano,
surgió una excelsa hilera de columnas
cuyas sonrisas de mármol de Paros
bajaban a alumbrar olas y espuma,
velando al cerro joven en su cuna.
Su zócalo es de estrellas que se funden
en el aire de ébano y recubren
en plata, al disolverse, sus mortajas
con las que adorna el cielo su morada.

A dome, by linked light from Heaven let down,
Sat gently on these columns as a crown—
A window of one circular diamond, there,
Look'd out above into the purple air,
And rays from God shot down that meteor chain
And hallow'd all the beauty twice again,
Save when, between th' Empyrean and that ring,
Some eager spirit flapp'd his dusky wing.
But on the pillars Seraph eyes have seen
The dimness of this world: that greyish green
That Nature loves the best for Beauty's grave
Lurk'd in each cornice, round each architrave—
And every sculptur'd cherub thereabout
That from his marble dwelling peeréd out,
Seem'd earthly in the shadow of his niche—
Achaian statues in a world so rich?
Friezes from Tadmor and Persepolis—
From Balbec, and the stilly, clear abyss
Of beautiful Gomorrah! O, the wave
Is now upon thee—but too late to save!

Sound loves to revel in a summer night:
Witness the murmur of the grey twilight
That stole upon the ear, in Eyraco,
Of many a wild star-gazer long ago—
That stealeth ever on the ear of him
Who, musing, gazeth on the distance dim,
And sees the darkness coming as a cloud—
Is not its form—its voice—most palpable and loud?

But what is this?—it cometh—and it brings
A music with it— 'tis the rush of wings—
A pause—and then a sweeping, falling strain
And Nesace is in her halls again.
From the wild energy of wanton haste

De lo alto un haz de luz plantó una cúpula
que coronó con tiento las columnas,
un rosetón como único diamante
abierto al manto púrpura del aire;
rayos de Dios segaron las estelas,
reconsagrando toda la belleza
salvo cuando entre el aro y el Empíreo
algún espíritu aleteaba en vilo.
Pero desde esa altura ojos seráficos
vieron al mundo en sombras: el grisáceo
verde con que Natura honra el sepulcro
de la belleza en frisos, peanas, muros;
y cada querubín labrado en piedra
que se asomaba al nicho pareciera
volverse terrenal en su halo oscuro.
¿Tallas aqueas en tan rico mundo?
¡Frisos de Balbec, Persépolis, Tadmor
y del abismo calmo y despejado
de Gomorra la bella! ¡Oh, ya cae
la ola y no hay manera de salvarte!

El son ama gozar en noches cálidas,
sentir el rumor gris de la alborada
que acarició el oído, allá en Eiraco,
de antiguos oteadores de los astros
e incluso se acercó a aquel que, absorto,
contempla a la distancia lo borroso
y ve tornarse en nube la negrura:
¿su forma —y voz— no son palpables, lúcidas?

Pero ¿esto qué es? ¡Ahí llega! Viene envuelto
en música, y es como un aleteo...
Se oye una cadencia tras la pausa
y ya ha vuelto Nesace a su morada.
El brío desbocado de su prisa

Her cheeks were flushing, and her lips apart;
And zone that clung around her gentle waist
　　Had burst beneath the heaving of her heart.
Within the centre of that hall to breathe
She paus'd and panted, Zanthe! all beneath,
The fairy light that kiss'd her golden hair
And long'd to rest, yet could but sparkle there!

　　Young flowers were whispering in melody
To happy flowers that night—and tree to tree;
Fountains were gushing music as they fell
In many a star-lit grove, or moon-lit dell;
Yet silence came upon material things—
Fair flowers, bright waterfalls and angel wings—
And sound alone that from the spirit sprang
Bore burthen to the charm the maiden sang:

"'Neath blue-bell or streamer—
　　Or tufted wild spray
That keeps, from the dreamer,
The moonbeam away—
Bright beings! that ponder,
　　With half closing eyes,
On the stars which your wonder
　　Hath drawn from the skies,
Till they glance thro' the shade, and
Come down to your brow
Like——eyes of the maiden
　　Who calls on you now—
Arise! from your dreaming
　　In violet bowers,
To duty beseeming
　　These star-litten hours—
And shake from your tresses
　　Encumber'd with dew

la hace jadear y enciende sus mejillas
y el corazón, latiendo con enjundia,
ha roto el ceñidor de su cintura.
En medio de la sala se detuvo
a tomar aire, Zante, el pelo rubio
besado por la maga luz que ansiaba
reposo y lo que hacía era alumbrarla.

La nueva flor aquella noche un canto
le susurró a la flor feliz; el árbol,
al árbol; y las fuentes, a las frondas
y matos que la luna y astros mojan;
pero cubrió el silencio la materia
—cascadas, flores, las alas angélicas—
y del espíritu brotó un sonido
que al salmo de la joven dio estribillo:

«Bajo jacintos, pendones,
    ramos de flores silvestres,
que la luz de la luna esconden
    para escudar al durmiente,
¡seres brillantes!, que piensan
    con los ojos entreabiertos,
en astros que su sorpresa
    hizo bajar de los cielos
para brillar en las sombras
    y plantarse ante su vista
cual los ojos de la moza
    que ahora mismo los visita,
¡dejen los sueños atrás!
    en las glorietas cárdenas,
que el deber ha de ocupar
    estas horas estrelladas
y sacúdanse del pelo,
    invadido de rocío,

The breath of those kisses
   That cumber them too—
(O! how, without you, Love!
   Could angels be blest?)
Those kisses of true love
   That lull'd ye to rest!
Up!—shake from your wing
   Each hindering thing:
The dew of the night—
   It would weigh down your flight;
And true love caresses—
   O! leave them apart!
They are light on the tresses,
   But lead on the heart.

Ligeia! Ligeia!
   My beautiful one!
Whose harshest idea
   Will to melody run,
O! is it thy will
   On the breezes to toss?
Or, capriciously still,
   Like the lone Albatross,
Incumbent on night
   (As she on the air)
To keep watch with delight
   On the harmony there?

Ligeia! wherever
   Thy image may be,
No magic shall sever
   Thy music from thee.
Thou hast bound many eyes
   In a dreamy sleep—

el aliento de esos besos
   que también lo han invadido
(¿cómo, Amor, iban a ser
   felices sin ti los ángeles?),
¡esos besos de amor fiel
   que los sumieron en trance!
¡Arriba! ¡Libren sus alas
   de las cosas que las lastran:
las partículas de escarcha
   al volar se hacen pesadas;
y las caricias sinceras
   ¡no se las lleven tampoco!
Son ligeras en las trenzas
   y en el corazón son plomo.

¡Oh Ligeia, oh Ligeia!
   ¡Mi bellísima querida!
que tu más severa idea
   conviertes en melodía,
¿es tu voluntad acaso
   mecerte en la brisa dócil?
¿o cual solitario albatros,
   caprichosamente inmóvil,
te recuestas en la noche
   (como él se acuesta en el aire)
para vigilar con goce
   la armonía que subyace?

¡Oh Ligeia! Dondequiera
   que tu imagen se descubra,
no existe magia que pueda
   despojarte de tu música.
Tú has cerrado en dulces sueños
   muchos ojos obedientes

But the strains still arise
    Which *thy* vigilance keep—
The sound of the rain
    Which leaps down to the flower,
And dances again
    In the rhythm of the shower—
The murmur that springs
    From the growing of grass
Are the music of things—
    But are modell'd, alas!—
Away, then my dearest,
    O! hie thee away
To springs that lie clearest
    Beneath the moon-ray—
To lone lake that smiles,
    In its dream of deep rest,
At the many star-isles
    That enjewel its breast—
Where wild flowers, creeping,
    Have mingled their shade,
On its margin is sleeping
    Full many a maid—
Some have left the cool glade, and
    Have slept with the bee—
Arouse them my maiden,
    On moorland and lea—
Go! breathe on their slumber,
    All softly in ear,
The musical number
    They slumber'd to hear—
For what can awaken
    An angel so soon
Whose sleep hath been taken
    Beneath the cold moon,
As the spell which no slumber

pero aún se oyen los ecos
    que *tu* vigilia retiene:
el de la lluvia que cae,
    derramándose en las flores,
y que renueva su baile
    al son de los chaparrones
o ese murmullo que brota
    de los pastos al crecer,
es música de las cosas
    pero con su propia ley.
Parte entonces, mi querida,
    es necesario que partas,
a las fuentes que ilumina
    la luna para aclararlas;
al lago que les sonríe,
    en su ensueño solitario,
a los astros-arrecife
    que le enjoyan el regazo,
donde las enredaderas
    han enredado sus sombras
y numerosas doncellas
    duermen al pie de sus olas;
algunas dejan el fresco
    y con la abeja se duermen;
despiértalas, en los huertos
    y en los prados, suavemente,
sóplales en su soñar
    al oído, con voz clara,
el número musical
    que creyeron que soñaban;
pues ¿qué cosa tiene visos
    de despertar pronto a un ángel
que en el sueño se ha sumido
    bajo los fríos lunares
sino el sortilegio que otros

  Of witchery may test,
The rhythmical number
  Which lull'd him to rest?"

Spirits in wing, and angels to the view,
A thousand seraphs burst th' Empyrean thro',
Young dreams still hovering on their drowsy flight—
Seraphs in all but "Knowledge," the keen light
That fell, refracted, thro' thy bounds, afar
O Death! from eye of God upon that star:
Sweet was that error—sweeter still that death—
Sweet was that error—ev'n with *us* the breath
Of Science dims the mirror of our joy—
To them 'twere the Simoom, and would destroy—
For what (to them) availeth it to know
That Truth is Falsehood—or that Bliss is Woe?
Sweet was their death—with them to die was rife
With the last ecstasy of satiate life—
Beyond that death no immortality—
But sleep that pondereth and is not "to be"—
And there—oh! may my weary spirit dwell—
Apart from Heaven's Eternity—and yet how far from Hell!

What guilty spirit, in what shrubbery dim,
Heard not the stirring summons of that hymn?
But two: they fell: for Heaven no grace imparts
To those who hear not for their beating hearts.
A maiden-angel and her seraph-lover—
O! where (and ye may seek the wide skies over)
Was Love, the blind, near sober Duty known?
Unguided Love hath fallen—'mid "tears of perfect moan".

He was a goodly spirit—he who fell:
A wanderer by moss-y-mantled well—
A gazer on the lights that shine above—

sueños brujos no demoran,
el número cadencioso
    que lo sumió en la modorra?»

Espíritus alados, meros ángeles,
cruzaron el Empíreo por millares,
lastrado el vuelo por jóvenes sueños,
serafines salvo en «Conocimiento»,
luz viva que el ojo de Dios vertiera,
oh Muerte, tras tus lindes, en la estrella.
Qué dulce fue el error, más que esa muerte;
qué dulce fue: también la ciencia puede
empañar con su aliento nuestra dicha
—para ellos fue el Simún, y destruía,
pues ¿para qué querrían saber que aquí
Verdad es Mentira, o Alegría es Sufrir?
Qué dulce fue su muerte, pues para ellos
fue la sazón de un éxtasis postrero.
Era morir sin la inmortalidad,
un sueño que vacila y «no será».
Que allí more mi espíritu cansado,
¡aparte de la Eternidad, mas cuánto más del Hado!

¿Qué espíritu culposo, en qué sotillo,
no oyó el clamor punzante de ese himno?
Dos, y cayeron: no hay gracia de Dios
para quien solo escucha al corazón.
Amante-serafín, doncella-angélica:
¿oh dónde, en todo el cielo, alguien los viera
más cerca al ciego Amor del Deber calmo?
Sin guía, Amor se derrumbó «en un perfecto llanto».

Era buena el alma que torció el rumbo:
rondaba pozos donde crece el musgo,
oteaba los luceros en la altura,

A dreamer in the moonbeam by his love:
What wonder? for each star is eye-like there,
And looks so sweetly down on Beauty's hair—
And they, and ev'ry mossy spring were holy
To his love-haunted heart and melancholy.
The night had found (to him a night of wo)
Upon a mountain crag, young Angelo—
Beetling it bends athwart the solemn sky,
And scowls on starry worlds that down beneath it lie.
Here sate he with his love—his dark eye bent
With eagle gaze along the firmament:
Now turn'd it upon her—but ever then
It trembled to the orb of EARTH again.

"Ianthe, dearest, see! how dim that ray!
How lovely 'tis to look so far away!
She seem'd not thus upon that autumn eve
I left her gorgeous halls—nor mourn'd to leave.
That eve—that eve—I should remember well—
The sun-ray dropp'd, in Lemnos, with a spell
On th' Arabesque carving of a gilded hall
Wherein I sate, and on the draperied wall—
And on my eye-lids—O the heavy light!
How drowsily it weigh'd them into night!
On flowers, before, and mist, and love they ran
With Persian Saadi in his Gulistan:
But O that light!—I slumber'd—Death, the while,
Stole o'er my senses in that lovely isle
So softly that no single silken hair
Awoke that slept—or knew that he was there.

The last spot of Earth's orb I trod upon
Was a proud temple call'd the Parthenon—
More beauty clung around her column'd wall
Than ev'n thy glowing bosom beats withal,

soñaba con su amor bajo la luna.
¿Sorpresa? Cada estrella allí es un ojo
que mira con dulzura el pelo hermoso,
y cada estrella y pozo eran sagrados
para su corazón amante y cándido.
La noche lo encontró (su noche aciaga)
al joven Angelo en una montaña
que hunde sus picos en el cielo adusto
como si abajo no brillaran mundos.
Sentose con su amada, el ojo prieto
surcando, cual azor, el firmamento
para posarse en ella y, al volver
a ver la TIERRA, temblar otra vez.

«¿Querida Ianthe, ves la luz tan lacia?
¡Qué gozo que es mirarla a la distancia!
No se veía así cuando en otoño
dejé sus vastas salas sin oprobio,
la tarde —bien recuerdo aquel ocaso:
el sol caía en Lemnos con ensalmo,
en las volutas y en los tapizados
de aquel salón dorado, y en mis párpados;
¡sentado allí, sentí a la luz insomne
llevarlos dócilmente hacia la noche!
Habían visto flores, niebla, amor,
con Saadi el persa en Gulistán, ¡mas no
aquella luz...! La Muerte —yo dormía—
me abotargó en esa adorable isla
con tanto mimo que ni un terso pelo
se despertó —ni percibió su aliento.

»El último lugar que hollé en la Tierra
fue el Partenón, templo orgulloso: cuelga
aún más belleza en torno a sus pilares
que toda la que en tu albo seno late,

And when old Time my wing did disenthral
Thence sprang I—as the eagle from his tower,
And years I left behind me in an hour.
What time upon her airy bounds I hung
One half the garden of her globe was flung
Unrolling as a chart unto my view—
Tenantless cities of the desert too!
Ianthe, beauty crowded on me then,
And half I wish'd to be again of men."

"My Angelo! and why of them to be?
A brighter dwelling-place is here for thee—
And greener fields than in yon world above,
And woman's loveliness—and passionate love."

"But, list, Ianthe! when the air so soft
Fail'd, as my pennon'd spirit leapt aloft,
Perhaps my brain grew dizzy—but the world
I left so late was into chaos hurl'd—
Sprang from her station, on the winds apart,
And roll'd, a flame, the fiery Heaven athwart.
Methought, my sweet one, then I ceased to soar
And fell—not swiftly as I rose before,
But with a downward, tremulous motion thro'
Light, brazen rays, this golden star unto!
Nor long the measure of my falling hours,
For nearest of all stars was thine to ours—
Dread star! that came, amid a night of mirth,
A red Dædalion on the timid Earth."

"We came—and to thy Earth—but not to us
Be given our lady's bidding to discuss:
We came, my love; around, above, below,
Gay fire-fly of the night we come and go,
Nor ask a reason save the angel-nod

y cuando el Tiempo me repuso el ala
allí salté, como en su torre el águila,
y en una hora dejé atrás añadas.
Mientras flotaba en su lindero aéreo
medio jardín del globo fue traspuesto,
formando como un mapa ante mi vista;
¡urbes desérticas también había!
Lo bello, Ianthe, me volvió a poseer
y casi anhelo ser hombre otra vez.»

«¡Oh, Angelo! ¿Ser uno de ellos? ¿Cómo?
Tienes aquí un hogar más luminoso,
prados más verdes que los de allá abajo,
miel de mujer y amor apasionado.»

«Escucha, Ianthe, cuando el aire límpido
menguó y mi alado espíritu dio el brinco,
quizá me haya aturdido pero el mundo
que tan tarde dejé era un caos puro:
surgió del centro y, sin que medre el viento,
cruzó cual llamarada el fiero Cielo.
Yo creo, dulce, que ya no ascendí
y allí caí, mas no como al subir
sino de un modo trémulo, ¡y surcando
rayos y luz, llegué a este astro dorado!
No muchas horas duró mi descenso
pues era el tuyo el más cercano al nuestro,
¡astro brutal!: llegó una feliz noche,
Dedalión rojo a nuestra Tierra torpe.»

«Llegamos —y a tu Tierra— mas no cabe
que lo que nuestra dama ordena se hable.
Llegamos, amor mío, arriba, abajo,
luciérnagas alegres, fuimos, vamos
sin más razones que la venia angélica

She grants to us, as granted by her God—
But, Angelo, than thine grey Time unfurl'd
Never his fairy wing o'er fairier world!
Dim was its little disk, and angel eyes
Alone could see the phantom in the skies,
When first Al Aaraaf knew her course to be
Headlong thitherward o'er the starry sea—
But when its glory swell'd upon the sky,
As glowing Beauty's bust beneath man's eye,
We paus'd before the heritage of men,
And thy star trembled—as doth Beauty then!"

Thus, in discourse, the lovers whiled away
The night that waned and waned and brought no day.
They fell: for Heaven to them no hope imparts
Who hear not for the beating of their hearts.

ROMANCE

Romance, who loves to nod and sing,
With drowsy head and folded wing,
Among the green leaves as they shake
Far down within some shadowy lake,
To me a painted paroquet
Hath been—a most familiar bird—
Taught me my alphabet to say—
To lisp my very earliest word
While in the wild wood I did lie,
A child—with a most knowing eye.

Of late, eternal Condor years
So shake the very Heaven on high
With tumult as they thunder by,
I have no time for idle cares

88

que nos concede y su Dios le da a ella...
¡Pero, Angelo, tu viejo Tiempo alado
jamás voló sobre un mundo tan mágico!
Difuso era su disco y solo un ángel
veía en el cielo su espectral imagen,
cuando Al Aaraaf supo que su deriva
directamente aquí lo dirigía,
mas su gloria en el cielo se fue hinchando
cual busto de Belleza en ojo humano,
paramos frente al hombre con su herencia
y así temblaron tu astro y la Belleza!»

Y mientras conversaban los amantes,
pasó la noche sin que despuntase.
Cayeron: nunca el Cielo ha bendecido
a quien no escucha sino sus latidos.

ROMANCE

Romance es el que asiente y canta
medio dormido, prieta el ala,
entre el follaje que, agitado,
busca la sombra de algún lago,
y para mí fue un periquito
tan familiar y colorido,
que me enseñó a decir palabras,
a balbucear la más temprana,
tendido allí yo en la espesura:
un niño de mirada lúcida.

Hoy, que sacuden los eternos
años del Cóndor cuando cruzan
como relámpagos con furia
el Cielo inquieto, que contemplo,

Through gazing on the unquiet sky.
And when an hour with calmer wings
Its down upon my spirit flings—
That little time with lyre and rhyme
To while away—forbidden things!
My heart would feel to be a crime
Unless it trembled with the strings.

To——

The bowers whereat, in dreams, I see
    The wantonest singing birds,
Are lips—and all thy melody
    Of lip-begotten words—

Thine eyes, in Heaven of heart enshrined
    Then desolately fall,
O God! on my funereal mind
    Like starlight on a pall—

Thy heart—*thy* heart!—I wake and sigh,
    And sleep to dream till day
Of the truth that gold can never buy—
    Of the baubles that it may.

To the River——

Fair river! in thy bright, clear flow
    Of crystal, wandering water,
Thou art an emblem of the glow
        Of beauty—the unhidden heart—
        The playful maziness of art
    In old Alberto's daughter;

no tengo tiempo para holguras.
Y si una hora de alas mansas
con su plumón me arrulla el alma
y me entretengo en lira y rimas
tan solo un tris, ¡cosas prohibidas!
mi corazón crimen lo encuentra
salvo que tiemble con las cuerdas.

A...

Las enramadas donde, en sueños,
   se posan, pícaras, las aves,
son labios y son el concierto
   de tus palabras más labiales.

Tus ojos, de mi altar celeste,
   con gran desolación cayeron
¡oh, Dios!, en mi funérea mente
   cual luz de estrellas sobre un féretro.

¡Tu corazón...!, gimo a deshoras;
   y sueño hasta la amanecida
en la verdad que oro no compra
   y en baratijas que podría.

Al río

¡Río gentil! El curso cristalino
   de tu caudal terso y viajero
es emblemático del brillo
   de la belleza: el pecho amante,
   el meandro juguetón del arte
en la hija del anciano Alberto;

But when within thy wave she looks—
    Which glistens then, and trembles—
Why, then, the prettiest of brooks
    Her worshipper resembles;
For in his heart, as in thy stream,
    Her image deeply lies—
His heart which trembles at the beam
    Of her soul-searching eyes.

To —

I heed not that my earthly lot
    Hath—little of Earth in it—
That years of love have been forgot
    In the hatred of a minute:—
I mourn not that the desolate
    Are happier, sweet, than I,
But that *you* sorrow for *my* fate
    Who am a passer by.

FAIRY-LAND

Dim vales—and shadowy floods—
And cloudy-looking woods,
Whose forms we can't discover
For the tears that drip all over
Huge moons there wax and wane—
Again—again—again—
Every moment of the night—
Forever changing places—
And they put out the star-light
With the breath from their pale faces.

mas cuando ella pone sus ojos
    en tu ola, y esta se conmueve
y brilla, el más bonito arroyo
    y su humilde devoto se parecen:
guardan su imagen al abrigo,
    uno en el pecho, otro en las aguas—
en ese pecho conmovido
    por su mirada que hurga el alma.

A...

No me aflige que mi cuota de mundo
    tenga poco de terrenal en ella;
ni que años de cariño, en un minuto
    de encono, sin piedad se desvanezcan.
No me quejo de que los desvalidos
    sean, querida, más dichosos que yo
mas sí que sufras *tú* por *mi* destino,
    siendo yo un pasajero como soy.

País de hadas

Ríos umbrosos y oscuros valles
y altos bosques como celajes,
cuyas formas se nos ocultan
por las lágrimas que rezuman.
Grandes lunas crecen y menguan,
una vez y otra vez, sin tregua,
en todo instante de la noche,
cambiando siempre de morada
y al haz de estrellas les imponen
el soplo de sus caras pálidas.

About twelve by the moon-dial
One more filmy than the rest
(A kind which, upon trial,
They have found to be the best)
Comes down—still down—and down
With its centre on the crown
Of a mountain's eminence,
While its wide circumference
In easy drapery falls
Over hamlets, over halls,
Wherever they may be—
O'er the strange woods—o'er the sea—
Over spirits on the wing—
Over every drowsy thing—
And buries them up quite
In a labyrinth of light—
And then, how deep!—O, deep!
Is the passion of their sleep.
In the morning they arise,
And their moony covering
Is soaring in the skies,
With the tempests as they toss,
Like—almost any thing—
Or a yellow Albatross.
They use that moon no more
For the same end as before—
Videlicet a tent—
Which I think extravagant:
Its atomies, however,
Into a shower dissever,
Of which those butterflies,
Of Earth, who seek the skies,
And so come down again
(Never-contented things!)

Hacia las doce del cuadrante,
una más tenue que las otras
(del tipo aquel que, bajo examen,
resulta superior a todas)
baja, baja, sigue bajando,
y posa el centro en el collado
de una eminente cordillera
mientras su gran circunferencia
se funde en lánguidos retazos
sobre villorrios, sobre cuartos,
sea donde sea donde están
en raros bosques, sobre el mar,
o sobre espíritus con alas
y cada cosa adormilada,
y los entierra allá en el fondo
de un laberinto luminoso,
¡y qué profunda, oh sí, por cierto,
es la pasión de sus ensueños!
Ya de mañana se despiertan
y su mantón lunar de otrora
hacia los altos cielos vuela
junto a la tempestad, planeando
como lo haría... cualquier cosa,
incluso un ambarino albatros.
Pues esa luna no les vale
para el propósito de antes
—un uso singular, doy fe—,
como es hacerles de dosel;
pero sus átomos, en cambio,
se desmigajan en chubascos,
de aquellos que las mariposas
de Tierra, que se elevan todas
al cielo y luego bajarán
(¡qué cosas nunca satisfechas!),

Have brought a specimen
Upon their quivering wings.

"ALONE"

From childhood's hour I have not been
As others were—I have not seen
As others saw—I could not bring
My passions from a common spring—
From the same source I have not taken
My sorrow—I could not awaken
My heart to joy at the same tone—
And all I lov'd—*I* lov'd alone—
Then—in my childhood—in the dawn
Of a most stormy life—was drawn
From ev'ry depth of good and ill
The mystery which binds me still—
From the torrent, or the fountain—
From the red cliff of the mountain—
From the sun that 'round me roll'd
In its autumn tint of gold—
From the lightning in the sky
As it pass'd me flying by—
From the thunder, and the storm—
And the cloud that took the form
(When the rest of Heaven was blue)
Of a demon in my view—

"TO ISAAC LEA"

It was my choice or chance or curse
To adopt the cause for better or worse

traen de vuelta un ejemplar
sujeto en sus alitas trémulas.

"SOLO"

Desde mi infancia nunca he sido
como otros fueron, nunca he visto
como otros vieron, nunca extraje
mis ímpetus del mismo cauce;
nunca brotó de un mismo surco
mi pena, ni latió de júbilo
mi corazón al mismo tono,
y cuanto amé, lo amé yo solo.
Allí, en mi infancia, en la alborada
de una agitada vida, emana
del bien y del mal, de sus honduras,
el cruel misterio que aún me abruma;
desde el torrente y el regato,
desde el rojizo acantilado,
desde ese sol que iba a rondarme
con sus dorados otoñales,
desde el relámpago certero
que me rozó al cruzar el cielo,
desde los truenos y el ciclón
y de la nube que se alzó
(en ese cielo azul sedoso)
como un demonio ante mis ojos.

"A ISAAC LEA"

Fue mi elección o chance o maldición
seguir la causa para bien o peor,

And with my worldly goods and wit
And soul and body worship it.

To Helen

Helen, thy beauty is to me
   Like those Nicéan barks of yore,
That gently, o'er a perfumed sea,
   The weary, way-worn wanderer bore
   To his own native shore.

On desperate seas long wont to roam,
   Thy hyacinth hair, thy classic face,
Thy Naiad airs have brought me home
   To the glory that was Greece,
   And the grandeur that was Rome.

Lo! in yon brilliant window-niche
   How statue-like I see thee stand,
The agate lamp within thy hand!
   Ah, Psyche, from the regions which
   Are Holy-Land!

Israfel

In Heaven a spirit doth dwell
   "Whose heart-strings are a lute;"
None sing so wildly well
As the angel Israfel,
And the giddy stars (so legends tell)
Ceasing their hymns, attend the spell
   Of his voice, all mute.

y con mi ingenio y bienes terrenales
y cuerpo y alma, hacerla venerable.

A HELENA

Es tu hermosura, dulce Helena,
   como esas naves níceas de antes
que por la mar fragante llevan
   al fatigado trashumante
   de vuelta a sus costas natales.

Bregados en ariscas olas,
   tus jonios bucles, tu belleza,
tu aire de náyade me portan
   a casa: a la gloria de Grecia
y a la grandeza que fue Roma.

¡Mira! ¡En tu nicho incandescente
   te veo empuñar la llama de ágata
   y agigantarte como estatua!
¡Ah, Psique, allí de donde vienes
   es Tierra Santa!

ISRAFEL

En el Cielo habita un ser
   «con un laúd por corazón»;
Nadie canta tan puro y bien
como el ángel Israfel,
y los astros pasmados (a fe)
detienen su loa a la vez
   para oír, demudados, su voz.

Tottering above
    In her highest noon,
    The enamoured moon
Blushes with love,
    While, to listen, the red levin
    (With the rapid Pleiads, even,
    Which were seven,)
    Pauses in Heaven.

And they say (the starry choir
    And the other listening things)
That Israfeli's fire
Is owing to that lyre
    By which he sits and sings—
The trembling living wire
Of those unusual strings.

But the skies that angel trod,
    Where deep thoughts are a duty—
Where Love's a grown-up God—
    Where the Houri glances are
Imbued with all the beauty
    Which we worship in a star.

Therefore, thou art not wrong,
    Israfeli, who despisest
An unimpassioned song;
To thee the laurels belong,
    Best bard, because the wisest!
Merrily live, and long!

The ecstasies above
    With thy burning measures suit—

En su zenit, ronda
   la luna clara
   que, arrebatada
de amor, se sonroja,
    mientras el rayo, en el Cielo
    (con las Pléyades, que fueron
    siete y rápidas, parejo),
    se para a oírlo, muy quieto.

Y dicen (las cosas mismas
   junto al coro de los astros)
que si Israfel se encendía
era a causa de esa lira
   que al sentarse va tocando;
la trémula cuerda viva
de aquel instrumento extraño.

Y de los cielos que andaba,
   donde es menester pensar
donde Amor es un Dios con canas,
   y las huríes ostentan
en sus ojos la beldad
   que amamos en las estrellas.

No te equivocas, por tanto,
   Israfel, cuando ignoras
el canto desapasionado;
¡tuyos son esos laureles,
   por sabio, el mejor rapsoda!
¡Vive feliz y por siempre!

Los éxtasis superiores
   con tus metros ardientes suenan;

Thy grief, thy joy, thy hate, thy love,
    With the fervour of thy lute—
Well may the stars be mute!

Yes, Heaven is thine; but this
    Is a world of sweets and sours;
    Our flowers are merely—flowers,
And the shadow of thy perfect bliss
    Is the sunshine of ours.

If I could dwell
Where Israfel
    Hath dwelt, and he where I,
He might not sing so wildly well
    A mortal melody,
While a bolder note than this might swell
    From my lyre within the sky.

The Sleeper

At midnight, in the month of June,
I stand beneath the mystic moon.
An opiate vapour, dewy, dim,
Exhales from out her golden rim,
And, softly dripping, drop by drop,
Upon the quiet mountain top,
Steals drowsily and musically
Into the universal valley.
The rosemary nods upon the grave;
The lily lolls upon the wave;
Wrapping the fog about its breast,
The ruin moulders into rest;
Looking like Lethë, see! the lake
A conscious slumber seems to take,

tu amor, odio, pena o goce,
con tu laúd y su entrega...
¡que enmudezcan las estrellas!

Sí, el Cielo es tuyo mas, mira,
nuestro mundo es agridulce;
nuestras nubes son solo nubes
y la sombra de tu dicha
es nuestro sol con su lumbre.

Si fuera a ser
como Israfel,
vivir donde él vivía,
no cantaría él tan puro y bien
su mortal melodía,
y una nota más briosa que esta, tal vez,
daría al cielo mi lira.

LA DURMIENTE

A medianoche, en pleno junio,
a la mística luna acudo.
Un vaho opiáceo, acuoso, vago,
se escapa de su halo dorado
y en suave flujo, gota a gota,
sobre la sierra silenciosa,
desciende al valle universal
con melodiosa flojedad.
Ronca el romero ante la tumba,
bosteza el lirio en la llanura.
Con la neblina entre sus brazos,
se hunden las ruinas en letargo.
El lago, ¡ved!, como el Leteo,
parece ansiar que vive un sueño

And would not, for the world, awake.
All Beauty sleeps!—and lo! where lies
Irenë, with her Destinies!

Oh, lady bright! can it be right—
This window open to the night?
The wanton airs, from the tree-top,
Laughingly through the lattice drop—
The bodiless airs, a wizard rout,
Flit through thy chamber in and out,
And wave the curtain canopy
So fitfully—so fearfully—
Above the closed and fringéd lid
'Neath which thy slumb'ring soul lies hid,
That, o'er the floor and down the wall,
Like ghosts the shadows rise and fall!
Oh, lady dear, hast thou no fear?
Why and what are thou dreaming here?
Sure thou art come o'er far-off seas,
A wonder to these garden trees!
Strange is thy pallor! strange thy dress!
Strange, above all, thy length of tress,
And this all solemn silentness!

The lady sleeps! Oh, may her sleep,
Which is enduring, so be deep!
Heaven have her in its sacred keep!
This chamber changed for one more holy,
This bed for one more melancholy,
I pray to God that she may lie
Forever with unopened eye,
While the pale sheeted ghosts go by!

My love, she sleeps! Oh, may her sleep,
As it is lasting, so be deep!

y nunca más estar despierto.
¡Toda belleza duerme! ¡En vilo,
que Irene yace con sus Sinos!

Dama brillante, esa ventana
hacia la noche, ¿es adecuada?
Los aires del bosque atraviesan,
silbando risueños, las rejas;
los aires mágicos, etéreos,
campan a gusto en tu aposento
y tan temiblemente agitan
el baldaquín de las cortinas
sobre el sellado, orlado párpado
que oculta tu alma en sueño casto,
¡que por el suelo y las persianas
las sombras como espectros danzan!
Oh amada, ¿tú no sientes miedo?
¿Por qué has traído aquí tus sueños?
¡Sin duda vienes de anchos mares
para el asombro de estos árboles!
¡Tu palidez, tu ropa extrañan
y, más aún, tu trenza larga
y tu solemnidad callada!

¡La dama duerme! ¡Sea su sueño
tan hondo como es duradero!
¡Que en su ara la proteja el Cielo!
Mudó de alcoba a un cuarto sacro
y a un lecho mucho más macabro.
¡Ruego al Señor que al menos yazga
por siempre sin que su ojo se abra
mientras deambulan los fantasmas!

Mi amada duerme. ¡Sea su sueño
tan hondo como es duradero!

Soft may the worms about her creep!
Far in the forest, dim and old,
For her may some tall vault unfold—
Some vault that oft hath flung its black
And wingéd pannels fluttering back,
Triumphant, o'er the crested palls,
Of her grand family funerals—
Some sepulchre, remote, alone,
Against whose portal she hath thrown,
In childhood, many an idle stone—
Some tomb from out whose sounding door
She ne'er shall force an echo more,
Thrilling to think, poor child of sin!
It was the dead who groaned within.

THE VALLEY OF UNREST

Once it smiled a silent dell
Where the people did not dwell;
They had gone unto the wars,
Trusting to the mild-eyed stars,
Nightly, from their azure towers,
To keep watch above the flowers,
In the midst of which all day
The red sun-light lazily lay.
Now each visitor shall confess
The sad valley's restlessness.
Nothing there is motionless—
Nothing save the airs that brood
Over the magic solitude.
Ah, by no wind are stirred those trees
That palpitate like the chill seas
Around the misty Hebrides!
Ah, by no wind those clouds are driven

¡Que los gusanos tengan tiento!
Que en pleno bosque se abra en torno
a ella un panteón grande y fosco,
uno que, antaño, sus compuertas
corrían, córvidas y negras,
triunfante sobre los sudarios
de su familia de altos fastos.
La cripta apartada y remota
a cuya puerta, cuando moza,
supo arrojar piedras ociosas;
la tumba de cuyos portales
no arrancará ecos, como antes,
cuando temía, en su pecado,
que eran los muertos gimoteando.

EL VALLE INTRANQUILO

Sonreía un valle *antaño*,
silencioso y sin aldeanos;
habían marchado a las guerras
y a las estrellas atentas
en el azur de sus torres
confiaron, de noche, las flores
que de día, perezoso,
bañaba en luz el sol rojo.
Ahora siente el visitante
la inquietud que abruma el valle.
Nada allí parece estable
salvo los aires que tascan
esas soledades mágicas.
¡Ningún viento ondea las copas
revueltas como el mar que azota
las frías Hébridas brumosas!
¡Ningún viento urge a las nubes

That rustle through the unquiet Heaven
Uneasily, from morn till even,
Over the violets there that lie
In myriad types of the human eye—
Over the lilies there that wave
And weep above a nameless grave!
They wave:—from out their fragrant tops
Eternal dews come down in drops.
They weep:—from off their delicate stems
Perennial tears descend in gems.

The City in the Sea

Lo! Death has reared himself a throne
In a strange city lying alone
Far down within the dim West,
Where the good and the bad and the worst and the best
Have gone to their eternal rest.
There shrines and palaces and towers
(Time-eaten towers that tremble not!)
Resemble nothing that is ours.
Around, by lifting winds forgot,
Resignedly beneath the sky
The melancholy waters lie.

No rays from the holy heaven come down
On the long night-time of that town;
But light from out the lurid sea
Streams up the turrets silently—
Gleams up the pinnacles far and free—
Up domes—up spires—up kingly halls—
Up fanes—up Babylon-like walls—
Up shadowy long-forgotten bowers
Of sculptured ivy and stone flowers—

que en el Cielo inquieto crujen,
ariscas, de alba a ocaso, y cubren
a las violetas, semejantes
a ojos humanos de mil clases!
¡O a los lirios que allí ondean,
llorando en tumbas ajenas!
Al ondear, sus fragantes corolas
derraman rocío eterno en gotas.
Lloran, y por sus tallos resbalan
diamantes de perennes lágrimas.

LA CIUDAD DEL MAR

¡Ved a la muerte entronizada
en una urbe aislada, extraña,
perdida en el oeste yermo,
donde lo malo, lo peor, lo mejor, lo bueno
emprenden ya su sueño eterno!
Allí palacios, templos, torres
(¡ajadas torres inmutables!)
a nada nuestro corresponden.
Parias del viento, en torno yacen
bajo los cielos, resignadas
y melancólicas, las aguas.

Ni un solo haz del Cielo azul se adentra
en la ciudad de noche eterna;
mas una luz marina, insomne,
sube en silencio por las torres
y brilla libre en los bastiones;
por cúpulas, agujas, tronos,
templos y muros babilónicos,
por foscas y olvidadas pérgolas
con tallas de flores y hiedras,

Up many and many a marvellous shrine
Whose wreathéd friezes intertwine
The viol, the violet, and the vine.

Resignedly beneath the sky
The melancholy waters lie.
So blend the turrets and shadows there
That all seem pendulous in air,
While from a proud tower in the town
Death looks gigantically down.

There open fanes and gaping graves
Yawn level with the luminous waves;
But not the riches there that lie
In each idol's diamond eye—
Not the gaily-jewelled dead
Tempt the waters from their bed;
For no ripples curl, alas!
Along that wilderness of glass—
No swellings tell that winds may be
Upon some far-off happier sea—
No heavings hint that winds have been
On seas less hideously serene.

But lo, a stir is in the air!
The wave—there is a movement there!
As if the towers had thrust aside,
In slightly sinking, the dull tide—
As if their tops had feebly given
A void within the filmy Heaven.
The waves have now a redder glow—
The hours are breathing faint and low—
And when, amid no earthly moans,
Down, down that town shall settle hence,

por tantos santuarios insignes
cuyos prietos frisos se visten
de violas, violetas y vides.

Bajo los cielos, melancólicas,
las resignadas aguas moran.
Torres y sombras se entremezclan
como si el aire las meciera
mientras la muerte, gigantina,
mira desde una torre altiva.

Junto a las olas fluorescentes
bostezan tumbas y templetes;
mas ni el tesoro diamantino
que hay en los ojos de los ídolos,
ni las mortajas enjoyadas
arrancan de su lecho al agua;
pues nada encrespa el ondular
de esa planicie de cristal:
no hay crestas que delaten vientos
de alegres y lejanos piélagos
ni huellas de mares rizados
y no tan atrozmente estancos.

¡Pero mirad, se agita el aire!
La ola... ¡algo allí se bate!
Como si, hundiéndose, las torres
menearan la marea insomne,
como si hubieran, con sus crestas,
rasgado el tenue cielo apenas.
Las olas brillan, más rojizas;
las horas, débiles, suspiran,
y cuando, entre ayes de otro mundo,
esa ciudad se hunda y se postre,

Hell, rising from a thousand thrones,
Shall do it reverence.

LENORE

Ah, broken is the golden bowl!—the spirit flown forever!
Let the bell toll!—a saintly soul floats on the Stygian
[river:—
And, Guy De Vere, hast *thou* no tear?—weep now or
[never more!
See! on yon drear and rigid bier low lies thy love, Lenore!
Come, let the burial rite be read—the funeral song be
[sung!—
An anthem for the queenliest dead that ever died so
[young—
A dirge for her the doubly dead in that she died so young.

"Wretches! ye loved her for her wealth and ye hated her
[for her pride;
And, when she fell in feeble health, ye blessed her—that
[she died:—
How *shall* the ritual then be read—the requiem how be
[sung
By you—by yours, the evil eye—by yours the slanderous
[tongue
That did to death the innocence that died and died so
[young?"

Peccavimus:—yet rave not thus! but let a Sabbath song
Go up to God so solemnly the dead may feel no wrong!
The sweet Lenore hath gone before, with Hope that
[flew beside,
Leaving thee wild for the dear child that should have
[been thy bride—

mil tronos infernales juntos
le rendirán honores.

LEONOR

¡Se ha roto, ay, el cuenco de oro, y el aura huyó por siempre!
¡Que taña el son! Un alma en flor transita el río Éstige;
¿No lagrimeas, Guy de Vere? ¡O ahora o nunca más!
Que en su triste ataúd Leonor, tu amor, descansará.
¡Que lean los responsos ya y canten las canciones!
Un himno por la dulce muerta que se murió tan joven;
endechas por la doble muerta, pues se murió muy joven.

Odiaban, ¡lacra!, su altivez, la amaban por su hacienda,
y cuando su salud flaqueó, velaron... ¡que muriera!
Así que, ¿quién leerá el responso o entonará oraciones?
¿Ustedes y sus ojos crueles, con esa lengua innoble
que hirió de muerte su inocencia, matándola tan joven?

Peccavimus... mas no delires, y una solemne ofrenda
sabática eleva a Dios que no ofenda a la muerta.
Lenor, la dulce, «se fue pronta» al lado de Esperanza.
Por ella, que iba a ser tu novia, ahora estás en ascuas,

For her, the fair and debonair, that now so lowly lies,
The life upon her yellow hair, but not within her eyes—
The life still there upon her hair, the death upon her eyes.

"Avaunt!—avaunt! to friends from fiends the indignant
                                   [ghost is riven—
From Hell unto a high estate within the utmost
                                   [Heaven—
From moan and groan to a golden throne beside the
                                   [King of Heaven:—
Let *no* bell toll, then, lest her soul, amid its hallowed
                                   [mirth
Should catch the note as it doth float up from the
                                   [damnéd Earth!
And I—tonight my heart is light:—no dirge will I upraise,
But waft the angel on her flight with a Pæan of old days!"

To One in Paradise

Thou wast that all to me, love,
    For which my soul did pine—
A green isle in the sea, love,
    A fountain and a shrine,
All wreathed with fairy fruits and flowers,
    And all the flowers were mine.

Ah, dream too bright to last!
    Ah, starry Hope! that didst arise
But to be overcast!
    A voice from out the Future cries,
"On! on!"—but o'er the Past
    (Dim gulf!) my spirit hovering lies
Mute, motionless, aghast!

por ella, alba y bella, que ya yace en lo más hondo
y lleva en sus cabellos rubios vida —no en sus ojos;
hay vida en sus cabellos pero muerte, ¡ay!, en sus ojos.

¡Atrás! Deja el espectro atrás a propios como ajenos
y atrás deja el abismo por un ámbito en los Cielos,
los llantos, por un trono de oro en flanco al Rey del Cielo.
¡*No* tañan, pues, que no haya su alma, en su santa alegría,
de oír la nota que remonta la Tierra escarnecida!
¿Y yo…? esta noche, sin pesares, no entonaré un responso:
guiaré su vuelo de ángel con un peán de días remotos.

A ALGUIEN EN EL CIELO

Tú para mí eras todo, amor,
   lo que mi alma pedía;
una isla verde y fresca, amor,
   mi fuente, mi capilla,
ungida en frutos y en mil flores,
   y todas eran mías.

¡Oh sueño breve de tan claro!
   ¡Oh albor de anhelos estelares
que amaneciste encapotado!
   Desde el Futuro oigo «¡Adelante!»
pero asomando al golfo aciago
   que es el pasado, quieto yace
mi espíritu, mudo de espanto.

For, alas! alas! with me
   The light of Life is o'er!
   No more—no more—no more—
(Such language holds the solemn sea
   To the sands upon the shore)
Shall bloom the thunder-blasted tree,
   Or the stricken eagle soar!

And all my days are trances,
   And all my nightly dreams
Are where thy grey eye glances,
   And where thy footstep gleams—
In what ethereal dances,
By what eternal streams.

Hymn

At morn—at noon—at twilight dim—
Maria! thou hast heard my hymn!
In joy and wo—in good and ill—
Mother of God, be with me still!
When the Hours flew brightly by,
And not a cloud obscured the sky,
My soul, lest it should truant be,
Thy grace did guide to thine and thee;
Now, when storms of Fate o'ercast
Darkly my Present and my Past,
Let my Future radiant shine
With sweet hopes of thee and thine!

¡Pues, ay, la luz de nuestra Vida
 ya para mí no brillará!
 ¡Jamás, jamás, jamás
(con qué solemnidad desliza
 su lengua por la arena el mar)
se elevará el águila herida
 ni el árbol seco verdeará!

Y todos mis días son trances
 y mis sueños nocturnos andan
donde tus ojos grises pacen
 y fulguran tus pisadas...
perdidas en qué etéreos bailes
 y en qué perpetuas aguas.

Himno

Por la mañana, en el ocaso, a mediodía,
¡tú escuchaste mi himno, María!
En la dicha o la tristeza, la salud o el dolor,
¡no me abandones, madre de Dios!
Cuando, felices, las horas volaban
y ni una nube el cielo enturbiaba,
mi alma, guiada por tu gracia, pudo
vislumbrar la senda hacia ti y los tuyos;
ahora que el destino inclemente
nubla mi pasado y mi presente,
¡llena de dulce luz mi porvenir
con la promesa de los tuyos y de ti!

ENIGMA

The noblest name in Allegory's page,
The hand that traced inexorable rage;
A pleasing moralist whose page refined,
Displays the deepest knowledge of the mind;
A tender poet of a foreign tongue,
(Indited in the language that he sung.)
A bard of brilliant but unlicensed page
At once the shame and glory of our age,
The prince of harmony and stirling sense,
An ancient dramatist of eminence,
The bard that paints imagination's powers,
And him whose song revives departed hours,
Once more an ancient tragic bard recall,
In boldness of design surpassing all.
These names when rightly read, a name known
Which gathers all their glories in its own.

SERENADE

So sweet the hour—so calm the time,
I feel it more than half a crime
When Nature sleeps and stars are mute,
To mar the silence ev'n with lute.
At rest on ocean's brilliant dies
An image of Elysium lies:
Seven Pleiades entranced in Heaven,
Form in the deep another seven:
Endymion nodding from above
Sees in the sea a second love:
Within the valleys dim and brown,
And on the spectral mountains' crown
The wearied light is lying down:

ENIGMA

La Alegoría en su más noble nombre,
la mano que trazó la ira en molde;
un moralista amable cuyas obras,
exponen nuestra erudición más honda;
un dulce poeta de idioma extranjero
(compuesto en el lenguaje de sus versos).
Un bardo de voz prístina y proscrita,
vergüenza y gloria a un tiempo de estos días,
el príncipe de la chanza y lo armónico,
el dramaturgo de tiempos remotos,
el bardo que ahonda en la imaginación
y aquel cuya canción gira el reloj,
un trágico de antaño una vez más,
que nadie en concepción supo igualar.
Leídos estos nombres bien, nos nombran
a quien posee estas glorias y las propias.

SERENATA

Qué hora tan dulce y sosegada:
Natura duerme, el astro calla;
es más de medio crimen, creo,
romper con laúdes el silencio.
Sobre el troquel del mar bruñido
posa una imagen del Elíseo;
vadeando el Cielo, siete Pléyades
donan al piélago otras siete;
en lo alto asoma ya Endimión
y en el mar ve un segundo amor;
por pardos y brumosos valles
y entre las cumbres espectrales
la luz, exhausta, quiere echarse;

And earth, and stars, and sea, and sky
Are redolent of sleep, as I
Am redolent of thee and thine
Enthralling love, my Adeline.
But list, O list!—so soft and low
Thy lover's voice to night shall flow
That, scarce awake, thy soul shall deem
My words the music of a dream.
Thus, while no single sound too rude,
Upon thy slumber shall intrude,
Our thoughts, our souls—O God above!
In every deed shall mingle, love.

THE COLISEUM

Type of the antique Rome! Rich reliquary
Of lofty contemplation left to Time
By buried centuries of pomp and power!
At length—at length—after so many days
Of weary pilgrimage and burning thirst,
(Thirst for the springs of lore that in thee lie,)
I kneel, an altered and an humble man,
Amid thy shadows, and so drink within
My very soul thy grandeur, gloom, and glory!

Vastness! and Age! and Memories of Eld!
Silence! and Desolation! and dim Night!
I feel ye now—I feel ye in your strength—
O spells more sure than e'er Judæan king
Taught in the gardens of Gethsemane!
O charms more potent than the rapt Chaldee
Ever drew down from out the quiet stars!

y tierra, estrellas, mar y cielo
se impregnan de algo soñoliento
así como me impregno yo
de ti, Adelina, y de tu amor.
Pero oye: al ser tan queda y suave
la voz nocturna de tu amante,
tu alma creerá, medio despierta,
que mi habla es música que sueñas.
Y así, mientras ningún estruendo
importunase, amor, tu sueño,
nuestra alma y lo que, oh Dios, pensamos
podrán fundirse en nuestros actos.

El Coliseo

¡Blasón de Roma antigua! ¡Rico cofre
de ilustre admiración cedido al Tiempo
por la pompa y poder de ajados siglos!
¡Al fin, al fin, después de tantos días
de marcha fatigosa y sed ardiente
(sed de tus venerables manantiales),
me postro, sacudido pero humilde,
en medio de tus sombras y se embebe
mi alma en tu esplendor, nostalgia y gloria!

¡Oh, Vastedad! ¡Oh, Evocación de Antaño!
¡Desolación! ¡Silencio! ¡Y Noche umbría!
¡Los siento ahora, en tu fuerza los siento,
conjuros como nunca divulgó
ningún rey de Judea en Getsemaní!
¡Hechizos que Caldea la encantada
jamás logró arrancar a las estrellas!

Here, where a hero fell, a column falls!
Here, where the mimic eagle glared in gold,
A midnight vigil holds the swarthy bat!
Here, where the dames of Rome their gilded hair
Waved to the wind, now wave the reed and thistle!
Here, where on golden throne the monarch lolled,
Glides, spectre-like, unto his marble home,
Lit by the wan light of the horned moon,
The swift and silent lizard of the stones!

But stay! these walls—these ivy-clad arcades—
These mouldering plinths—these sad and blackened shafts—
These vague entablatures—this crumbling frieze—
These shattered cornices—this wreck—this ruin—
These stones—alas! these gray stones—are they all—
All of the famed, and the colossal left
By the corrosive Hours to Fate and me?

"Not all"—the Echoes answer me—"not all!
"Prophetic sounds and loud, arise forever
"From us, and from all Ruin, unto the wise,
"As melody from Memnon to the Sun.
"We rule the hearts of mightiest men—we rule
"With a despotic sway all giant minds.
"We are not impotent—we pallid stones.
"Not all our power is gone—not all our fame—
"Not all the magic of our high renown—
"Not all the wonder that encircles us—
"Not all the mysteries that in us lie—
"Not all the memories that hang upon
"And cling around about us as a garment,
"Clothing us in a robe of more than glory."

¡Si un héroe cayó aquí, cae un pilar!
¡Y donde su oro el águila irradiaba
un guardia aferra al sórdido murciélago!
¡Si aquí la brisa ondeaba el pelo blondo
de las patricias, ahora ondea juncos!
¡Y aquí, donde en su trono holgaba el rey,
repta espectral hacia su hogar de mármol,
bañado por la luna exangüe y córnea,
la esquiva y sigilosa salamandra!

¡No partas! Esta arcada con su hiedra,
los plintos, los rejones renegridos,
los frisos y cornisas tambaleantes,
los ripios, estas ruinas, este pecio,
las piedras de roído gris, ¿son todo
lo que nos han dejado al fin las Horas
del célebre coloso a mí y al Sino?

«¡No todo!», truena el Eco, «¡no, no todo!
Proféticos y eternos sones surgen
de mí, de toda Ruina, hasta los sabios,
igual que si Memnón cantara al Sol.
Regimos el sentir de los más fuertes;
despóticos, regimos sus ideas.
No somos piedras glaucas, impotentes.
No todo ese poder se fue, o la fama,
ni todo el sortilegio del renombre,
ni todo el esplendor que nos rodea,
ni todos los misterios que encerramos,
ni todas las memorias que pululan
y nos abrazan como un atavío,
vistiéndonos con algo más que gloria.»

To F——s S. O——d

Thou wouldst be loved?—then let thy heart
    From its present pathway part not!
Being everything which now thou art,
    Be nothing which thou art not.

So with the world thy gentle ways,
    Thy grace, thy more than beauty,
Shall be an endless theme of praise,
    And love—a simple duty.

To F——

Beloved! amid the earnest woes
    That crowd around my earthly path—
(Drear path, alas! where grows
Not even one lonely rose)—
    My soul at least a solace hath
In dreams of thee, and therein knows
    An Eden of bland repose.

And thus thy memory is to me
    Like some enchanted far-off isle
In some tumultuous sea—
Some ocean throbbing far and free
    With storms—but where meanwhile
Serenest skies continually
    Just o'er that one bright island smile.

A F...s S. O...d

¿Deseas ser amada? Atiende
al rumbo de tu corazón.
Sé todo aquello que ahora eres
y aquello que no eres, no.

Así, en el mundo, tu agraciada
manera, hermosa y sin doblez,
será un motivo de alabanza
y el amor... solo un deber.

A F...

¡Amada! En medio de los dramas
   que asolan mi senda terrena
(senda brutal, sin traza
ni de una rosa huraña)
   halló un remanso mi alma en pena
soñando en ti, que es donde alcanza
un tibio Edén de calma.

Por eso tu recuerdo es como
   una isla mágica perdida
en un mar tumultuoso,
un piélago fiero y remoto
   donde, entre truenos y ventiscas,
sonríe el cielo solo en torno
   de esa radiante isla.

BRIDAL BALLAD

The ring is on my hand,
    And the wreath is on my brow;
Satins and jewels grand
Are all at my command,
    And I am happy now.

And my lord he loves me well;
    But, when first he breathed his vow,
I felt my bosom swell—
For the words rang as a knell,
And the voice seemed *his* who fell
In the battle down the dell,
    And who is happy now.

But he spoke to re-assure me,
    And he kissed my pallid brow,
While a reverie carne o'er me,
And to the church-yard bore me,
And I sighed to him before me,
(Thinking him dead D'Elormie,)
    "Oh, I am happy now!"

And thus the words were spoken;
    And this the plighted vow;
And, though my faith be broken,
And, though my heart be broken,
Here is a ring, as token
    That I am happy now!—
Behold the golden token
    That *proves* me happy now!

Would God I could awaken!
    For I dream I know not how,

BALADA NUPCIAL

Luce mi anillo el dedo,
   mi frente, la corona;
satines y joyeros
ya colman mis deseos
   y soy feliz ahora.

Y mi señor me ama;
   y al dar el sí en la boda
sentí mi pecho en ascuas
pues, cual campana aciaga,
su voz me sonó al habla
del que cayó en batalla,
   y que es feliz ahora.

Pero él me habló, sereno,
   besó mi tez cerosa
y me llevó en mi ensueño
consigo al cementerio
y allí le dije, quedo
(lo creí D'Elormie, el muerto),
   «¡oh, soy feliz ahora!».

Y así quedaron dichos
   los votos de la boda;
y aunque mi fe esté en vilo
y el corazón partido,
por obra de este anillo,
   ¡yo soy feliz ahora!
¡Prueba el dorado anillo
   que soy feliz ahora!

Dios quiera que despierte
   pues vivo un sueño, absorta,

And my soul is sorely shaken
Lest an evil step be taken,—
Lest the dead who is forsaken
   May not be happy now.

SONNET——TO ZANTE

Fair isle, that from the fairest of all flowers,
   Thy gentlest of all gentle names dost take!
How many memories of what radiant hours
   At sight of thee and thine at once awake!
How many scenes of what departed bliss!
   How many thoughts of what entombéd hopes!
How many visions of a maiden that is
   No more—no more upon thy verdant slopes!
No more! alas, that magical sad sound
   Transforming all! Thy charms shall please *no more*—
Thy memory *no more!* Accurséd ground
   Henceforth I hold thy flower-enamelled shore,
O hyacinthine isle! O purple Zante!
   "Isola d'oro! Fior di Levante!"

THE HAUNTED PALACE

In the greenest of our valleys
   By good angels tenanted,
Once a fair and stately palace—
   Radiant palace—reared its head.
In the monarch Thought's dominion—
   It stood there!
Never seraph spread a pinion
   Over fabric half so fair!

y mi alma herida teme
que un paso en falso diese
y aquel que halló la muerte
  no sea feliz ahora.

Soneto: a Zante

¡Oh isla que de la flor más hermosa
  tomaste el nombre más bello del mundo!
¡Cuántos recuerdos de radiantes horas
  despierta la visión de ti y lo tuyo!
¡Cuántas escenas de pasadas dichas!
  ¡Cuánta esperanza ahora bajo tierra!
¡Cuántas visiones de una jovencita
  que nunca más verás en tus laderas!
¡Ay, *nunca más*, qué triste sortilegio
  transformador! Gozar de tus encantos
o tu recuerdo... *¡nunca más!* ¡Retengo,
  vil suelo, los jacintos esmaltados
de tus riberas! ¡Oh purpúrea Zante!
  «O isola d'oro! Fior di Levante!»

El palacio encantado

En nuestro valle más verde,
  que ángeles buenos celaban,
un palacio hermoso y fuerte
  irguió su testa dorada.
En feudos del Pensamiento
  ¡se alzó allí!
¡Nunca palacio tan regio
  sobrevoló un serafín!

Banners yellow, glorious, golden,
    On its roof did float and flow—
(This—all this—was in the olden
    Time long ago)
And every gentle air that dallied,
    In that sweet day,
Along the ramparts plumed and pallid,
    A wingéd odor went away.

Wanderers in that happy valley,
    Through two luminous windows, saw
Spirits moving musically,
    To a lute's well-tunéd law,
Round about a throne where, sitting,
    Porphyrogene,
In state his glory well befitting
    The ruler of the realm was seen.

And all with pearl and ruby glowing
    Was the fair palace door,
Through which came flowing, flowing, flowing,
    And sparkling evermore,
A troop of Echoes whose sweet duty
    Was but to sing,
In voices of surpassing beauty,
    The wit and wisdom of their king.

But evil things, in robes of sorrow,
    Assailed the monarch's high estate.
(Ah, let us mourn!—for never morrow
    Shall dawn upon him, desolate!)
And round about his home the glory
    That blushed and bloomed,
Is but a dim-remembered story
    Of the old-time entombed.

Blondos pendones gloriosos
   ondeaban en sus tejados
(esto, todo esto, en remotos
   tiempos de antaño).
Y cuando un buen aire rondaba
   en esos días
por entre arreos y atalayas
   un hedor alado huía.

Quien iba al alegre valle
   podía ver por dos vanos
a espíritus musicales
   que, al son de un laúd templado,
daban vueltas a un trono donde,
   porfirogénito,
sentado en su gloria y orden,
   estaba el jerarca del reino.

Por la puerta palatina,
   de rubí intenso y de perlas,
fluían ecos, fluían, fluían,
   como un río de centellas
dotadas de un dulce empeño:
   cantar tonadas
de impar belleza al ingenio
   y el saber de su monarca.

Mas vilezas mal vestidas
   sitiaron el feudo del rey
(¡lloremos, ay, pues ningún día
   va a amanecer ya por él!)
y en todo el reino, aquella gloria
   fecunda y tierna
no es más que una somera sombra
   de su pasado bajo tierra.

And travellers, now, within that valley,
    Through the encrimsoned windows see
Vast forms that move fantastically
    To a discordant melody,
While, like a ghastly rapid river,
    Through the pale door
A hideous throng rush out forever
    And laugh—but smile no more.

SONNET——SILENCE

There are some qualities—some incorporate things,
    That have a double life, which thus is made
A type of that twin entity which springs
    From matter and light, evinced in solid and shade.
There is a two-fold *Silence*—sea and shore—
    Body and soul. One dwells in lonely places,
    Newly with grass o'ergrown; some solemn graces,
Some human memories and tearful lore,
Render him terrorless: his name's "No More".
He is the corporate Silence: dread him not!
    No power hath he of evil in himself;
But should some urgent fate (untimely lot!)
    Bring thee to meet his shadow (nameless elf,
That haunteth the lone regions where hath trod
No foot of man,) commend thyself to God!

THE CONQUEROR WORM

Lo! 'tis a gala night
    Within the lonesome latter years!

Quienes vayan hoy al valle
　　verán por los vanos rojizos
vastas formas fantasmales
　　moverse al son de un chirrido
mientras, cual torrente infame,
　　por el pálido portal
brota un gentío execrable
　　que ríe mas no sonreirá.

SONETO: EL SILENCIO

Hay ciertas cualidades, ciertas cosas sin cuerpo
de cuya doble vida se conjuga una forma
de esa entidad gemela que brota del encuentro
de luz y de materia, de un sólido y su sombra.
Hay un *Silencio* doble, que es mar y que es orilla,
o sea, Cuerpo y Alma. Uno vive en malezas
recientes, solitarias; ciertas solemnes gracias,
cierta memoria humana y coplas plañideras
lo han vuelto inofensivo: «Nunca más» se le llama.
Es el Silencio en cuerpo: ¡no temas! No posee
poder maligno alguno ni nada malo esconde;
mas si un azar urgente (¡inoportuna suerte!)
te enfrenta con su sombra (fatal elfo sin nombre
que asola las regiones en las que nunca osó
posar sus pies el hombre), ¡que te proteja Dios!

EL GUSANO CONQUISTADOR

¡Ved! ¡Es noche de gala
　　en la orfandad de estos últimos años!

An angel throng, bewinged, bedight
   In veils, and drowned in tears,
Sit in a theatre, to see
   A play of hopes and fears,
While the orchestra breathes fitfully
   The music of the spheres.

Mimes, in the form of God on high,
   Mutter and mumble low,
And hither and thither fly—
   Mere puppets they, who come and go
At bidding of vast formless things
   That shift the scenery to and fro,
Flapping from out their Condor wings
   Invisible Wo!

That motley drama—oh, be sure
   It shall not be forgot!
With its Phantom chased for evermore,
   By a crowd that seize it not,
Through a circle that ever returneth in
   To the self-same spot,
And much of Madness, and more of Sin,
   And Horror the soul of the plot.

But see, amid the mimic rout
   A crawling shape intrude!
A blood-red thing that writhes from out
   The scenic solitude!
It writhes!—it writhes!—with mortal pangs
   The mimes become its food,
And seraphs sob at vermin fangs
   In human gore imbued.

Una bandada de ángeles, alada
   y con sus tules y bañada en llanto,
se sienta en un teatro a que le muestren
   quimeras y miserias
mientras la orquesta exhala, intermitente,
   el son de las esferas.

Mimos que hacen de Dios en las alturas,
   volando aquí y allá,
musitan y murmuran,
   ¡meros peleles que han de desfilar
a voluntad de amorfas entidades
   que zarandean sin piedad la escena
y sus alas de cóndor, cuando baten,
   pena invisible sueltan!

Ese drama variado, ciertamente,
   ¡jamás será olvidado!
Con su fantasma perseguido siempre
   por una turba que, sin atraparlo,
lo sigue por un círculo que lleva
   siempre al mismo lugar;
mucha Locura y más Pecado encierra
   la trama en que el Horror es esencial.

¡Mirad! Entre los mimos una forma
   reptando se desplaza.
¡Invade, serpenteante y sanguinosa,
   la escena solitaria!
¡Se enrosca, enrosca! Y mortalmente heridos,
   los mimos sacian su hambre,
y al ver que hay sangre humana en sus colmillos
   gimotean los ángeles.

Out—out are the lights—out all!
   And, over each quivering form,
The curtain, a funeral pall,
   Comes down with the rush of a storm,
While the angels, all pallid and wan,
   Uprising, unveiling, affirm
That the play is the tragedy, "Man",
   And its hero the Conqueror Worm.

DREAM-LAND

By a route obscure and lonely,
Haunted by ill angels only,
Where an Eidolon, named NIGHT,
On a black throne reigns upright,
I have reached these lands but newly
From an ultimate dim Thule—
From a wild weird clime that lieth, sublime,
   Out of SPACE—out of TIME.

Bottomless vales and boundless floods,
And chasms, and caves, and Titan woods,
With forms that no man can discover
For the tears that drip all over;
Mountains toppling evermore
Into seas without a shore;
Seas that restlessly aspire,
Surging, unto skies of fire;
Lakes that endlessly outspread
Their lone waters—lone and dead,—
Their still waters—still and chilly
With the snows of the lolling lily.

Mas ¡fuera... fuera luces... todas fuera!
    Y, sobre cada sombra temblorosa,
cae el telón, esa mortuoria tela,
    como una tempestad atronadora,
mientras los ángeles, exangües, corren
    sus velos y, de pie y con la voz trémula,
dicen que el drama es la tragedia «Hombre»,
    y el Gusano Conquistador, su estrella.

País de sueños

Por la senda oscura y yerma
que ángeles enfermos pueblan,
donde un ídolo —la Noche—
reina entre su negra corte,
llegué ha poco aquí, de Tule,
la postrera y fosca Tule;
¡desde un clima cruel, sublime, extraño,
fuera de Tiempo y Espacio!

Valles sin fondo y ríos sin margen,
cuevas y fosas y bosques gigantes
cuyas formas no ve el hombre
pues el rocío las roe;
montañas que se desploman
en océanos sin costa;
irreductibles océanos
en pos del cielo de fuego;
lagos que extienden sin merma
sus aguas solas y muertas,
aguas rígidas y heladas
por la nieve de las calas.

By the lakes that thus outspread
Their lone waters, lone and dead,—
Their sad waters, sad and chilly
With the snows of the lolling lily,—
By the mountains—near the river
Murmuring lowly, murmuring ever,—
By the grey woods,—by the swamp
Where the toad and the newt encamp,—
By the dismal tarns and pools
   Where dwell the Ghouls,—
By each spot the most unholy—
In each nook most melancholy,—
There the traveller meets, aghast,
Sheeted Memories of the Past—
Shrouded forms that start and sigh
As they pass the wanderer by—
White-robed forms of friends long given,
In agony, to the Earth—and Heaven.

For the heart whose woes are legion
'Tis a peaceful, soothing region—
For the spirit that walks in shadow
'Tis—oh 'tis an Eldorado!
But the traveller, travelling through it,
May not—dare not openly view it;
Never its mysteries are exposed
To the weak human eye unclosed;
So wills its King, who hath forbid
The uplifting of the fringéd lid;
And thus the sad Soul that here passes
Beholds it but through darkened glasses.

By a route obscure and lonely,
Haunted by ill angels only,
Where an Eidolon, named NIGHT,

Junto a los lagos que así extienden
sus aguas solas e inertes,
sus tristes aguas heladas
por la nieve de las calas;
junto a los montes y el río,
que murmura sin respiro;
junto al bosque gris y el fango,
hogar del tritón y del sapo;
junto a las lagunas lúgubres
donde habitan los Gules;
en los sitios más hostiles
y los rincones más tristes;
allí el viajero aterrado
ve el Pasado en su sudario,
sombras espectrales que huyen
cuando alguno las descubre,
blancas mortajas de amigos que han vuelto,
en agonía, a la Tierra... y el Cielo.

El corazón abatido
encuentra aquí quietud y auxilio.
Al alma en sombras, acaso,
¡le parece un Eldorado!
Pero el viajero que la atraviesa
no puede, no debe atreverse a verla;
el frágil ojo humano nunca
se ha sumergido en sus honduras;
lo quiere así su rey, que ha dado
orden de no alzar el párpado;
de modo que el alma errante
ve todo tras negros cristales.

Por la senda oscura y yerma
que ángeles enfermos pueblan,
donde un ídolo —la NOCHE—

On a black throne reigns upright,
I have wandered home but newly
From this ultimate dim Thule.

EULALIE —— A SONG

I dwelt alone
In a world of moan,
And my soul was a stagnant tide,
Till the fair and gentle Eulalie became my blushing
[bride—
Till the yellow-haired young Eulalie became my smiling
[bride.

Ah, less—less bright
The stars of the night
Than the eyes of the radiant girl!
And never a flake
That the vapor can make
With the moon-tints of purple and pearl,
Can vie with the modest Eulalie's most unregarded curl—
Can compare with the bright-eyed Eulalie's most
[humble and careless curl.

Now Doubt—now Pain
Come never again,
For her soul gives me sigh for sigh,
And all day long
Shines, bright and strong,
Astarté within the sky,
While ever to her dear Eulalie upturns her matron eye—
While ever to her young Eulalie upturns her violet eye.

reina entre su negra corte,
llegué a casa, pues estuve
en esa postrera Tule.

EULALIA, UNA CANCIÓN

Vivía aislado
en un mar de llantos
y mi alma era una marea ociosa
hasta que la dulce Eulalia fue mi candorosa novia;
hasta que la rubia Eulalia fue mi alegre y joven novia.
Menos fulguran
las estrellas nocturnas
que sus lúcidos y espléndidos ojitos,
y nunca habrá un copo
que el vapor pinte un poco
con tintes lunares de perla y jacinto
que iguale el más tímido de sus cándidos rizos;
que haga sombra al menor de sus más tiernos rizos.

La duda, el penar,
ya no volverán,
pues su alma me calma y me colma
y todo el día
con ánimo brilla
Astarté en el cielo, sola,
mirando a su amada Eulalia con su ojo de matrona;
posando en la dulce Eulalia su ojo color de viola.

The Raven

Once upon a midnight dreary, while I pondered, weak
[and weary,
Over many a quaint and curious volume of forgotten
[lore—
While I nodded, nearly napping, suddenly there came a
[tapping,
As of some one gently rapping, rapping at my chamber
[door.
"'Tis some visiter", I muttered, "tapping at my chamber
[door—
Only this and nothing more."

Ah, distinctly I remember it was in the bleak December;
And each separate dying ember wrought its ghost upon
[the floor.
Eagerly I wished the morrow;—vainly I had sought to
[borrow
From my books surcease of sorrow—sorrow for the lost
[Lenore—
For the rare and radiant maiden whom the angels name
[Lenore—
Nameless *here* for evermore.

And the silken, sad, uncertain rustling of each purple
[curtain
Thrilled me—filled me with fantastic terrors never felt
[before;
So that now, to still the beating of my heart, I stood
[repeating
"'Tis some visiter entreating entrance at my chamber
[door—

El cuervo

Cierta medianoche aciaga, con la mente fatigada,
revisaba unos libracos de saber inmemorial
y asentía, adormecido, cuando rechinó un postigo,
como si alguien, con sigilo, golpeara mi portal.
«Es —me dije— un visitante que golpea mi portal;
    solo eso y nada más.»

¡Ah, me acuerdo claramente de aquel lóbrego diciembre!
Cada rescoldo muriente dejaba un rastro espectral.
Yo esperaba ansioso el alba, pues no había hallado calma
en mis libros, ni consuelo por Leonor, que ya no está,
por Leonor, la impar y bella a quien solo nombran ya
    ángeles del más allá.

Con sus roces, las cortinas, purpurinas y furtivas,
me inspiraban fantasías de un terror tan inusual
que, por sosegar mi pecho, repetí muy circunspecto:
«Es tan solo un visitante que ha llegado a mi portal;

Some late visiter entreating entrance at my chamber
[door;—
    This it is and nothing more."

Presently my soul grew stronger; hesitating then no
[longer,
"Sir," said I, "or Madam, truly your forgiveness I implore;
But the fact is I was napping, and so gently you came
[rapping,
And so faintly you came tapping, tapping at my chamber
[door,
That I scarce was sure I heard you"—here I opened
[wide the door;—
    Darkness there and nothing more.

Deep into that darkness peering, long I stood there
[wondering, fearing,
Doubting, dreaming dreams no mortal ever dared to
[dream before;
But the silence was unbroken, and the stillness gave no
[token,
And the only word there spoken was the whispered
[word, "Lenore"?
This I whispered, and an echo murmured back the
[word, "Lenore"!
    Merely this and nothing more.

Back into the chamber turning, all my soul within me
[burning,
Soon again I heard a tapping somewhat louder than
[before.
"Surely," said I, "surely that is something at my window
[lattice;
Let me see, then, what thereat is, and this mystery
[explore—

un tardío visitante que me aguarda en el portal.
    Será eso, nada más».

Cuando al fin recobré el temple decidí ser más vehemente,
«Caballero —dije— o dama, me tendrá que disculpar,
pues estaba adormecido cuando un son me puso en vilo,
y tan leve fue el rasguido que ha sonado en mi portal
que dudé de haberlo oído...» y aquí raudo abrí el portal:
    sombras, noche y nada más.

Escruté la noche oscura, temeroso, envuelto en dudas,
y soñé sueños que nadie nunca osó soñar jamás;
pero nada, ni un rumor, alteró el silencio atroz
salvo la expresión «¿Leonor?» que en susurros fui a
                                    [nombrar;
yo lo susurré y el eco repitió «¡Leonor!» tal cual.
    Eso solo y nada más.

Aunque mi alma ardía por dentro, regresé a mis aposentos
pero pronto aquel rasguido se volvió más pertinaz.
«Esta vez, quien sea que llama se ha llegado a mi ventana;
veré, pues, qué es lo que trama, qué misterio habrá detrás.

Let my heart be still a moment and this mystery
                              [explore;—
        'Tis the wind and nothing more!"

Open here I flung the shutter, when, with many a flirt
                              [and flutter,
In there stepped a stately Raven of the saintly days of yore;
Not the least obeisance made he; not a minute stopped
                              [or stayed he;
But, with mien of lord or lady, perched above my
                              [chamber door—
Perched upon a bust of Pallas just above my chamber
                              [door—
        Perched, and sat, and nothing more.

Then this ebony bird beguiling my sad fancy into
                              [smiling,
By the grave and stern decorum of the countenance it
                              [wore,
"Though thy crest be shorn and shaven, thou," I said,
                              ["art sure no craven,
Ghastly grim and ancient Raven wandering from the
                              [Nightly shore—
Tell me what thy lordly name is on the Night's
                              [Plutonian shore!"
        Quoth the Raven "Nevermore".

Much I marvelled this ungainly fowl to hear discourse
                              [so plainly,
Though its answer little meaning—little relevancy bore;
For we cannot help agreeing that no living human being
Ever yet was blessed with seeing bird above his chamber
                              [door—

Si mi corazón se aplaca lo podré desentrañar.
  ¡Es el viento y nada más!»

Abrí entonces la persiana y, con gran despliegue de alas,
se coló en la sala un cuervo muy solemne y ancestral.
Sin cumplido ni respeto, sin dudarlo ni un momento,
con desdén de dueña o dueño fue a posarse en el umbral,
en el gran busto de Palas que hay encima del umbral;
  fue, posose y nada más.

Este pájaro azabache, con sus aires fatuos, graves,
trastocó en sonrisa suave mi febril morbosidad.
«El penacho corto y ralo no te impide ser osado,
viejo cuervo desterrado de la negrura abisal;
¿cuál es tu tétrico nombre en el abismo infernal?»
  Dijo el cuervo: «Nunca más».

Me asombró que un ave absurda se expresara con facundia,
a pesar de que el sentido no fuera nada cabal,
pues acordarán conmigo que muy pocos han tenido
ocasión de ver cernido pajarraco así en su umbral;

Bird or beast upon the sculptured bust above his
                              [chamber door,
        With such name as "Nevermore".

But the Raven, sitting lonely on the placid bust, spoke
                              [only
That one word, as if his soul in that one word he did
                              [outpour.
Nothing farther then he uttered—not a feather then he
                              [fluttered—
Till I scarcely more than muttered "Other friends have
                              [flown before—
On the morrow *he* will leave me, as my Hopes have
                              [flown before."
        Then the bird said "Nevermore".

Startled at the stillness broken by reply so aptly spoken,
"Doubtless," said I, "what it utters is its only stock and
                              [store
Caught from some unhappy master whom unmerciful
                              [Disaster
Followed fast and followed faster till his songs one
                              [burden bore—
Till the dirges of his Hope that melancholy burden bore
        Of 'Never—nevermore'. "

But the Raven still beguiling my sad fancy into smiling,
Straight I wheeled a cushioned seat in front of bird, and
                              [bust and door;
Then, upon the velvet sinking, I betook myself to linking
Fancy unto fancy, thinking what this ominous bird of
                              [yore—
What this grim, ungainly, ghastly, gaunt, and ominous
                              [bird of yore
        Meant in croaking "Nevermore".

bestia o pájaro cernidos en el busto del umbral
que se llamen «Nunca más».

Pero el cuervo, huraño y mustio, solo emitió desde el busto
ese sombrío trasunto de su alma y nada más.
No movió una sola pluma ni añadió palabra alguna
hasta que expresé mis dudas: «Vi a otros amigos volar;
también él, por la mañana, como mis ansias, se irá».
Dijo entonces: «Nunca más».

Con su certera respuesta el ave me puso alerta;
«Sin duda —dije— repite lo que ha podido acopiar
del repertorio olvidado de algún amo cuyo infausto
destino redujo, al cabo, sus canciones a un refrán,
enterrando su esperanza bajo un lúgubre refrán
tal que "Nunca, nunca más"».

Como al verlo aún sonreía pese a mis miedos y cuitas,
planté una silla mullida frente al ave, al busto y al umbral
y, hundido en la blanda almohada, concentré mis suspicacias
en maliciar qué buscaba la funesta ave ancestral,
esa exangüe, enjuta, agónica y grotesca ave ancestral
graznándome «Nunca más».

This I sat engaged in guessing, but no syllable expressing
To the fowl whose fiery eyes now burned into my
[bosom's core;
This and more I sat divining, with my head at ease
[reclining
On the cushion's velvet lining that the lamp-light
[gloated o'er,
But whose velvet-violet lining with the lamp-light
[gloating o'er,
She shall press, ah, nevermore!

Then, methought, the air grew denser, perfumed from
[an unseen censer
Swung by seraphim whose foot-falls tinkled on the
[tufted floor.
"Wretch," I cried, "thy God hath lent thee—by these
[angels he hath sent thee
Respite—respite and nepenthe from thy memories of
[Lenore;
Quaff, oh quaff this kind nepenthe and forget this lost
[Lenore!"
Quoth the Raven "Nevermore".

"Prophet!" said I, "thing of evil!—prophet still, if bird
[or devil!—
Whether Tempter sent, or whether tempest tossed thee
[here ashore,
Desolate yet all undaunted, on this desert land
[enchanted—
On this home by Horror haunted—tell me truly, I
[implore—
Is there—*is* there balm in Gilead?—tell me—tell me, I
[implore!"
Quoth the Raven "Nevermore".

Yo sondeaba estas palabras, sentado y sin decir nada
al ave que me abrasaba el pecho con su mirar;
eso y más iba rumiando, con la cabeza de canto
sobre el cojín de brocado al que apocaba el fanal,
¡sobre aquel cojín purpúreo que ella acostumbraba usar
    y ya no usará jamás!

Sentí el aire más cargado, cual si ardiera un incensario
mecido por serafines de leve andar musical.
«¡Innoble! —me dije— ¡Mira! Es tu Dios el que te envía
con sus ángeles la mirra que a Leonor te hará olvidar.
¡Cata, cata el dulce filtro y a Leonor olvidarás!»
    Dijo el cuervo: «Nunca más».

«¡Profeta —dije—, villano; vil profeta, ave o diablo!
Tanto si fue el Tentador o acaso una tempestad
quien te arrojara, inmutable, a este trágico paraje,
a este hogar de horror constante, ¡te lo ruego, dime ya,
dime, te imploro, si existe algún bálsamo en Galaad!»
    Dijo el cuervo: «Nunca más».

"Prophet!" said I, "thing of evil!—prophet still, if bird
[or devil!
By that Heaven that bends above us—by that God we
[both adore—
Tell this soul with sorrow laden if, within the distant
[Aidenn,
It shall clasp a sainted maiden whom the angels name
[Lenore—
Clasp a rare and radiant maiden whom the angels name
[Lenore."
Quoth the Raven "Nevermore".

"Be that word our sign of parting, bird or fiend!"
[I shrieked, upstarting—
"Get thee back into the tempest and the Night's
[Plutonian shore!
Leave no black plume as a token of that lie thy soul hath
[spoken!
Leave my loneliness unbroken!—quit the bust above my
[door!
Take thy beak from out my heart, and take thy form
[from off my door!"
Quoth the Raven "Nevermore".

And the Raven, never flitting, still is sitting, *still* is sitting
On the pallid bust of Pallas just above my chamber
[door;
And his eyes have all the seeming of a demon's that is
[dreaming,
And the lamp-light o'er him streaming throws his
[shadow on the floor;
And my soul from out that shadow that lies floating on
[the floor

Shall be lifted—nevermore!

«¡Profeta —dije—, villano; vil profeta, ave o diablo!
Por el Dios que veneramos, por la gloria celestial,
dile a este alma sin consuelo si en el Edén postrimero
el fulgor casto y sereno de Leonor podré abrazar;
si a quien conocen los Cielos por Leonor podré abrazar.»
    Dijo el cuervo: «¡Nunca más!».

«¡Que tus dichos nos separen —proferí—, diablo o ave!»
«¡Vuelve a la noche insondable! ¡Húndete en la tempestad!
¡No dejes rastro ni pluma que rubriquen tu calumnia!
¡No interrumpas mi clausura! ¡Sal del busto del portal!
¡Quita el pico de mi pecho y tu sombra del portal!»
    Dijo el cuervo: «Nunca más».

Y ahora el cuervo, sin moverse, aún se cierne, ¡aún se cierne!,
sobre el blanco busto inerte que corona mi zaguán;
y sus ojos asemejan los de un demonio que sueña,
y su sombra se descuelga como un aura fantasmal;
y mi alma, de esa sombra que allí flota, fantasmal,
    no va a alzarse... ¡nunca más!

A Valentine to ——

For her this rhyme is penned, whose luminous eyes,
    Brightly expressive as the twins of Lœda,
Shall find her own sweet name, that, nestling lies
    Upon the page, enwrapped from every reader.
Search narrowly the lines!—they hold a treasure
    Divine—a talisman—an amulet
That must be worn *at heart.* Search well the measure—
    The words—the syllables! Do not forget
The trivialest point, or you may lose your labor!
    And yet there is in this no Gordian knot
Which one might not undo without a sabre,
    If one could merely comprehend the plot.
Enwritten upon the leaf where now are peering
    Eyes scintillating soul, there lie *perdus*
Three eloquent words oft uttered in the hearing
    Of poets, by poets—as the name is a poet's, too.
Its letters, although naturally lying
    Like the knight Pinto—Mendez Ferdinando—
Still form a synonym for Truth.—Cease trying!
    You will not read the riddle, though you do the best
                        [you *can* do.

To M. L. S——

Of all who hail thy presence as the morning—
Of all to whom thine absence is the night—
The blotting utterly from out high heaven
The sacred sun—of all who, weeping, bless thee
Hourly for hope—for life—ah! above all,
For the resurrection of deep-buried faith
In Truth—in Virtue—in Humanity—
Of all who, on Despair's unhallowed bed

Por San Valentín: a...

Fragüé estas rimas donde, con sus límpidos ojos,
brillantes y expresivos cual los hijos de Leda,
irá encontrando ella su nombre melodioso,
trenzado entre la trama y oculto a quien no advierta
indicios en sus versos: contienen una alhaja,
un dije, un talismán divino, que se exhibe
a ciegas y *en el pecho*. Escandan las palabras
y sílabas, el ritmo; ni por azar descuiden
el punto más trivial o habrán rumiado en balde.
Y ni siquiera existe nudo gordiano alguno
que no lo siegue uno si no es usando un sable,
en caso tal que hubiera sentido en ese nudo.
Transcritas en el folio que con arrobo miran
sus ojos de alma tersa, están *perdues* allí
tres voces poderosas frecuentemente oídas
en rondas de poetas... pues es poeta al fin.
Sus letras, que se engañan como el hidalgo Pinto
De Méndez, Ferdinando, son en cierta manera
sinónimo de honesto. ¡No, dense por vencidos!
No van a descubrirlo ni dando cuanto puedan.

A M. L. S...

De cuantos creen al verte que llega la mañana,
de cuantos ven tu ausencia como una negra noche,
como si al sol sagrado lo borraran del cielo
para siempre; de cuantos, con llantos, te bendicen
cada hora por la vida, la esperanza y aún más
por haberles devuelto la sepultada fe
en la verdad, en la virtud, en la raza humana...
De cuantos, en el lecho profano del desánimo

Lying down to die, have suddenly arisen
At thy soft-murmured words, "Let there be light!"
At the soft-murmured words that were fulfilled
In the seraphic glancing of thine eyes—
Of all who owe thee most—whose gratitude
Nearest resembles worship—oh, remember
The truest—the most fervently devoted,
And think that these weak lines are written by him—
By him who, as he pens them, thrills to think
His spirit is communing with an angel's.

To —

Not long ago, the writer of these lines,
In the mad pride of intellectuality,
Maintained "the power of words"—denied that ever
A thought arose within the human brain
Beyond the utterance of the human tongue;
And now, as if in mockery of that boast,
Two words—two foreign soft dissyllables—
Italian tones made only to be murmured
By angels dreaming in the moonlit "dew
That hangs like chains of pearl on Hermon hill"—
Have stirred from out the abysses of his heart,
Unthought-like thoughts that are the souls of thought,
Richer, far wilder, far diviner visions
Than even the seraph harper, Israfel,
Who has "the sweetest voice of all God's creatures",
Could hope to utter. And I! my spells are broken.
The pen falls powerless from my shivering hand.
With thy dear name as text, though bidden by thee,
I cannot write—I cannot speak or think,
Alas, I cannot feel; for 'tis not feeling,
This standing motionless upon the golden

dispuestos a morir, se incorporaron de pronto
al oírte susurrar con dulzura: «¡Que haya luz!»,
al oírte susurrar esas dulces palabras
que obraron por el brillo de tus ojos seráficos...
De todos tus deudores, cuya agradecimiento
raya la adoración, recuerda, oh, no olvides
a tu devoto más fiel, al más apasionado,
y piensa que estas líneas vacilantes son suyas,
de aquel que, al escribirlas, se conmueve al pensar
que comulga su espíritu con el alma de un ángel.

A...

El autor de estas líneas, no hace mucho,
con loco orgullo intelectual blandía
«el poder de las palabras», y negaba
que en el cerebro humano germinase
un pensamiento ajeno al don de lengua.
Ahora, como burla a ese exabrupto,
dos voces —dos bisílabos sutiles—
de ecos italianos, solo urdidas
para ángeles soñando en «el rocío
lunar que pende del Hermón cual perlas»,
brotaron del abismo de su pecho,
pensares impensados que hacen de alma
de ese pensar, visiones más divinas
y agrestes que las que Israfel, el ángel
«de voz más dulce que cualquier criatura»,
pueda expresar. ¡Y mis conjuros, rotos!
La pluma cae de mi mano trémula.
Si un texto con tu dulce nombre pides,
yo no puedo escribir, no puedo hablar, pensar,
ay, ni sentir, pues esto no es sentir,
este quedarme inmóvil frente al pórtico

Threshold of the wide-open gate of dreams,
Gazing, entranced, adown the gorgeous vista,
And thrilling as I see upon the right,
Upon the left, and all the way along
Amid empurpled vapors, far away
To where the prospect terminates—*thee only*.

Ulalume —— A Ballad

The skies they were ashen and sober;
   The leaves they were crispéd and sere—
   The leaves they were withering and sere:
It was night, in the lonesome October
   Of my most immemorial year:
It was hard by the dim lake of Auber,
   In the misty mid region of Weir:—
It was down by the dank tarn of Auber,
   In the ghoul-haunted woodland of Weir.

Here once, through an alley Titanic,
   Of cypress, I roamed with my Soul—
   Of cypress, with Psyche, my Soul.
These were days when my heart was volcanic
   As the scoriac rivers that roll—
   As the lavas that restlessly roll
Their sulphurous currents down Yaanek,
   In the ultimate climes of the Pole—
That groan as they roll down Mount Yaanek,
   In the realms of the Boreal Pole.

Our talk had been serious and sober,
   But our thoughts they were palsied and sere—
   Our memories were treacherous and sere;
For we knew not the month was October,

dorado y expedito de los sueños,
absorto ante el magnífico espectáculo
y conmovido al ver que a la derecha
y que a la izquierda, y a lo largo y ancho,
entre efluvios purpúreos, donde acaba
el panorama... ahí solo estás *tú*.

ULALUME, UNA BALADA

El cielo era un páramo lúgubre;
las hojas, marchitas, se ajaban;
las hojas caídas se ajaban.
Nocheaba en un lánguido octubre
de un año que ya no echo en falta.
fue a orillas del gris lago de Auber,
    en Weir, la brumosa comarca;
del húmedo y gris lago de Auber,
    en Weir y su selva encantada.

Allí, entre cipreses titánicos,
    con mi Alma fui a dar un paseo;
    con Psique fui a dar un paseo.
Mi pecho era un magma volcánico
    como esos torrentes de fuego,
    los ríos de azufre y de fuego
que bajan, sin pausa, del Yaanek
    al polo y sus climas extremos;
que rugen, bajando del Yaanek
    al reino boreal de los hielos.

La charla fue parca, sin lustre,
    mas los pensamientos, erráticos;
    mas nuestros recuerdos, erráticos,
Pues no dimos pábilo a octubre

And we marked not the night of the year—
    (Ah, night of all nights in the year!)
We noted not the dim lake of Auber,
    (Though once we had journeyed down here)
We remembered not the dank tarp of Auber,
    Nor the ghoul-haunted woodland of Weir.

And now, as the night was senescent,
    And star-dials pointed to morn—
    As the star-dials hinted of morn—
At the end of our path a liquescent
    And nebulous lustre was born,
Out of which a miraculous crescent
    Arose with a duplicate horn—
Astarte's bediamonded crescent,
    Distinct with its duplicate horn.

And I said—"She is warmer than Dian;
    She rolls through an ether of sighs—
    She revels in a region of sighs.
She has seen that the tears are not dry on
    These cheeks where the worm never dies,
And has come past the stars of the Lion,
    To point us the path to the skies—
    To the Lethean peace of the skies—
Come up, in despite of the Lion,
    To shine on us with her bright eyes—
Come up, through the lair of the Lion,
    With love in her luminous eyes."

But Psyche, uplifting her finger,
    Said—"Sadly this star I mistrust—
    Her pallor I strangely mistrust—
Ah, hasten!—ah, let us not linger!
    Ah, fly!—let us fly!—for we must."

ni al día o la noche del año
  (¡de todas las noches del año!),
ni a las grises aguas del Auber
  (¡ya habíamos ido a ese lago!);
no, no dimos pábilo al Auber
  ni a Weir y su bosque encantado.

Y cuando, al morirse la noche,
  el cielo viraba hacia el alba;
  el disco estelar vira al alba,
al fin del sendero del bosque,
  de un turbio fulgor de luz blanca,
emergió, milagrosa y bifronte,
  la creciente lunar duplicada;
se asomó, cual diamante bicorne,
  la fina Astarté con sus astas.

Y dije: «Ni Diana es como ella
  de cálida. Va entre suspiros
  etéreos, un mar de suspiros;
y al ver que aún las lágrimas riegan
  esta faz donde el verme está vivo,
pasa a Leo y su lomo de estrellas
  para guiarnos camino al Elíseo,
  al Leteo y la paz del Elíseo;
con ojos brillantes se acerca,
  sin que Leo consiga impedirlo;
sus ojos amantes nos velan,
  traspasándolo a Leo en su nido».

Mas Psique, elevando la mano,
  dijo: «Yo de esta estrella recelo;
  de su palidez yo sospecho...
¡Aprisa! ¡No nos detengamos!
  Debemos volar... ¡sí, volemos!».

In terror she spoke; letting sink her
    Wings till they trailed in the dust—
In agony sobbed; letting sink her
    Plumes till they trailed in the dust—
    Till they sorrowfully trailed in the dust.

I replied—"This is nothing but dreaming.
    Let us on, by this tremulous light!
    Let us bathe in this crystalline light!
Its Sibyllic splendor is beaming
    With Hope and in Beauty to-night—
    See!—it flickers up the sky through the night!
Ah, we safely may trust to its gleaming
    And be sure it will lead us aright—
We surely may trust to a gleaming
    That cannot but guide us aright
Since it flickers up to Heaven through the night."

Thus I pacified Psyche and kissed her,
    And tempted her out of her gloom—
    And conquered her scruples and gloom;
And we passed to the end of the vista—
    But were stopped by the door of a tomb—
    By the door of a legended tomb:—
And I said—"What is written, sweet sister,
    On the door of this legended tomb?"
    She replied—"Ulalume—Ulalume!—
    'T is the vault of thy lost Ulalume!"

Then my heart it grew ashen and sober
    As the leaves that were crispéd and sere—
    As the leaves that were withering and sere—
And I cried—"It was surely October,
    On *this* very night of last year,
    That I journeyed—I journeyed down here!—

Habló con pavor, arrastrando
     las alas por ese sendero;
gimió en agonía y hollaron
     sus plumas el polvo del suelo.

«No es más que otro sueño», repuse.
     «Sigamos bajo esta luz trémula;
     ¡Bañémonos en la luz trémula!
Su aureola sibílica luce
     de Esperanza y Belleza nocheras...
     ¿Ves? ¡Se va noche arriba y destella!
Sí, podemos confiar en su lumbre,
     que nos ha de guiar con justeza;
nos tenemos que fiar de una lumbre
     que nos guía con toda justeza
elevando en la noche sus luces.»

Así calmé a Psique y con besos
     logré mitigar sus escrúpulos,
     vencí su tristeza y escrúpulos,
y llegamos al fin del sendero...
     Mas allí se interpuso un sepulcro,
     la inscripción de la entrada al sepulcro;
y yo dije: «¿Qué es lo que está impreso,
     dulce hermana, en la entrada al sepulcro?».
«Ulalume... Ulalume...» dijo presto;
«¡Aquí yace Ulalume, tu amor trunco!»

Mi pecho era un páramo lúgubre
que como las hojas se ajaba;
como hojas caídas se ajaba.
Y exclamé: «Fue sin duda en octubre,
hace un año, esta noche marcada,
que viajé, viajé aquí con mi carga;

That I brought a dread burden down here—
   On this night, of all nights in the year,
   Ah, what demon hath tempted me here?
Well I know, now, this dim lake of Auber—
   This misty mid region of Weir:—
Well I know, now, this dank tarp of Auber—
   This ghoul-haunted woodland of Weir."

Said we, then—the two, then—"Ah, can it
   Have been that the woodlandish ghouls—
   The pitiful, the merciful ghouls,
To bar up our way and to ban it
   From the secret that lies in these wolds—
   From the thing that lies hidden in these wolds—
Have drawn up the spectre of a planet
   From the limbo of lunary souls—
This sinfully scintillant planet
   From the Hell of the planetary souls?"

An Enigma

"Seldom we find," says Solomon Don Dunce,
   "Half an idea in the profoundest sonnet.
Through all the flimsy things we see at once
   As easily as through a Naples bonnet—
   Trash of all trash!—how *can* a lady don it?
Yet heavier far than your Petrarchan stuff—
Owl-downy nonsense that the faintest puff
   Twirls into trunk-paper the while you con it."
And, veritably, Sol is right enough.
The general tuckermanities are arrant
Bubbles—ephemeral and *so* transparent—
   But *this* is, now,—you may depend upon it—

que acarreé un peso muerto, una carga...
¿Qué demonio me urgió a que viajara
a la orilla del gris lago de Auber,
    aquí en Weir, la brumosa comarca?
Ahora sé que era a orillas del Auber,
    aquí en Weir y su selva encantada».

Fue que entonces los dos nos dijimos:
    «¿No serán los espectros del bosque,
    los piadosos espectros del bosque,
que en su afán protector de impedirnos
    conocer lo que ocultan los montes,
    el secreto escondido en los montes,
arrancaron sin más de ese limbo
    que a las almas lunares acoge,
de ese espacio infernal, de su limbo,
    a esta estrella de turbios fulgores?».

UN ENIGMA

Sugiere Salomón Sin Ton que «apenas
    hay media idea en el mejor soneto.
Por leve que sea aquello que atraviesa
    el más napolitano de los fieltros
    —¡qué chisme atroz! ¿Qué dama iba a usar eso?
si pesa más que algunos petrarquismos—
airón insustancial que dos soplidos
    lo trocan en papel de forrar cestos».
Sin duda, Sal no va por mal camino:
son, en total, las tuckermanidades
burbujas sueltas —diáfanas, mortales—
    mas esto es —Newton da por garantido—

Stable, opaque, immortal—all by dint
Of the dear names that lie concealed within 't.

THE BELLS

1

Hear the sledges with the bells—
    Silver bells!
What a world of merriment their melody foretells!
    How they tinkle, tinkle, tinkle,
        In the icy air of night!
    While the stars that oversprinkle
    All the Heavens, seem to twinkle
        With a crystalline delight;
    Keeping time, time, time,
    In a sort of Runic rhyme,
To the tintinabulation that so musically wells
    From the bells, bells, bells, bells,
        Bells, bells, bells—
        From the jingling and the tinkling of the bells.

2

    Here the mellow wedding bells—
        Golden bells!
What a world of happiness their harmony foretells!
    Through the balmy air of night
    How they ring out their delight!—
        From the molten-golden notes
            And all in tune,
        What a liquid ditty floats
    To the turtle-dove that listens while she gloats
            On the moon!

sólido, opaco e inmortal por arte
de esos queridos nombres entrescritos.

LAS CAMPANAS

I

Oíd, trineos con campanas:
            ¡son de plata!
¡Cuánta diversión anuncian sus tonadas!
        ¡Cómo pican y repican
            en la noche honda y glacial!
        Mientras los astros salpican
        con delicia cristalina
            todo el cielo al parpadear;
        al compás, compás, compás
        —como un rúnico rimar—,
del repiquetear que emana musical de las campanas,
    las campanas, campanas, campanas,
            campanas, campanas;
        del picar y repicar de las campanas.

2

Oíd la boda y sus campanas:
            ¡son doradas!
¡Qué mundo dichoso anuncian sus escalas!
        ¡Cómo llenan de armonías
        la fragancia vespertina!
            De las notas de oro en gotas
                entonadas que rezuman,
            ¡qué canción fluida flota
        hasta oídos de la tórtola
            que se place con la luna!

Oh, from out the sounding cells
What a gush of euphony voluminously wells!
How it swells!
How it dwells
On the Future!—how it tells
Of the rapture that impels
To the swinging and the ringing
Of the bells, bells, bells!—
Of the bells, bells, bells, bells,
Bells, bells, bells—
To the rhyming and the chiming of the bells!

3

Hear the loud alarum bells—
Brazen bells!
What tale of terror, now, their turbulency tells!
In the startled ear of Night
How they scream out their affright!
Too much horrified to speak,
They can only shriek, shriek,
Out of tune,
In a clamorous appealing to the mercy of the fire—
In a mad expostulation with the deaf and frantic fire,
Leaping higher, higher, higher,
With a desperate desire
And a resolute endeavor
Now—now to sit, or never,
By the side of the pale-faced moon.
Oh, the bells, bells, bells!
What a tale their terror tells
Of despair!
How they clang and clash and roar!
What a horror they outpour
In the bosom of the palpitating air!

¡Oh, con qué volumen mana
de sus bóvedas sonoras esa eufónica cascada!
¡Cómo avanza
y se desgrana
hacia el futuro! ¡Y nos contagia
ese arrobo que se empapa
del tintín y del retintín,
del tantán de las campanas,
las campanas, las campanas,
campanas, campanas, campanas;
el rimado repicar de las campanas!

3

Oíd las broncíneas campanas:
¡son de alarma!
¡Qué terrible historia auguran desoladas!
¡Cómo aturden con aullidos
los oídos vespertinos!
En su horror no atinan más
que a chillar, chillar, chillar
disonancias,
apelando, clamorosas, a la compasión del fuego,
en su loca controversia con el fuego sordo y fiero,
arañando el cielo, el cielo,
con efímero deseo
y la voluntad rotunda
de sentarse, ahora o nunca,
junto a la pálida luna.
¡Oh, campanas y campanas!
¡Su terror canta baladas
desgarrantes!
¡Cómo chocan, rabian, truenan!
¡Cuánto pánico segregan
en el palpitar del aire!

Yet the ear, it fully knows,
    By the twanging
    And the clanging,
How the danger ebbs and flows:—
Yes, the ear distinctly tells,
    In the jangling
    And the wrangling,
How the danger sinks and swells,
By the sinking or the swelling in the anger of the bells—
    Of the bells—
    Of the bells, bells, bells, bells,
    Bells, bells, bells—
    In the clamor and the clangor of the bells.

4

Hear the tolling of the bells—
    Iron bells!
What a world of solemn thought their monody compels!
    In the silence of the night
    How we shiver with affright
At the melancholy meaning of the tone!
    For every sound that floats
    From the rust within their throats
    Is a groan.
    And the people—ah, the people
    They that dwell up in the steeple
    All alone,
    And who, tolling, tolling, tolling,
    In that muffled monotone,
    Feel a glory in so rolling
    On the human heart a stone—
They are neither man nor woman—
They are neither brute nor human,
    They are Ghouls:—

Mas el oído, atento, intuye,
en los toques
y redobles,
si el peligro mengua o cunde;
Sí, el oído, atento, advierte,
en los sones
y redobles,
si el peligro va o si viene,
por la furia y el vaivén de las campanas,
las campanas,
el furor de las campanas, las campanas,
campanas, campanas, campanas;
¡el redoble y el clamor de las campanas!

4

Oíd: ¡en hierro están forjadas
las campanas!
¡Qué solemnes pensamientos su monodia nos depara!
¡En la calma vespertina,
la amenaza que destilan,
abatidas, nos induce a estremecernos!
Pues es cada son que arrojan
sus gargantas herrumbrosas
un lamento.
Y la gente, ah, las personas
que en el campanario, a solas
van tañendo,
tañen, tañen, tañen, tañen
ese monocorde aliento
y se glorían de abismarle
una piedra a nuestro pecho,
no son mujer ni varón,
ni humano ni bestia son:
¡son demonios!

And their king it is who tolls:—
And he rolls, rolls, rolls, rolls
          A Pæan from the bells!
And his merry bosom swells
          With the Pæan of the bells!
          And he dances and he yells;
Keeping time, time, time,
In a sort of Runic rhyme,
          To the Pæan of the bells—
               Of the bells:—
Keeping time, time, time,
In a sort of Runic rhyme,
          To the throbbing of the bells—
Of the bells, bells, bells—
          To the sobbing of the bells:—
Keeping time, time, time,
          As he knells, knells, knells,
In a happy Runic rhyme,
          To the rolling of the bells—
Of the bells, bells, bells:—
          To the tolling of the bells—
Of the bells, bells, bells, bells,
          Bells, bells, bells—
To the moaning and the groaning of the bells.

To Helen

I saw thee once—once only—years ago:
I must not say *how* many—but *not* many.
It was a July midnight; and from out—
A full-orbed moon, that, like thine own soul, soaring,
Sought a precipitate pathway up through heaven,
There fell a silvery-silken veil of light,
With quietude, and sultriness, and slumber,

¡Y es su rey quien, a rebato,
va arrancando, va arrancando
    un peán a las campanas!
¡Su pecho feliz se ensancha
    con el peán de las campanas!
Cómo aúlla, cómo baila
al compás, compás, compás
de ese rúnico rimar
    que es el peán de las campanas,
        ¡las campanas, campanas!;
al compás, compás, compás,
como runas que, al rimar,
    laten como las campanas,
las campanas, las campanas,
    el gemir de las campanas;
al compás, compás, compás,
    mientras llama, llama, llama,
en un lúdico rimar,
    al dindón de las campanas,
las campanas, las campanas,
    y el tolón de las campanas,
campanas, campanas, campanas,
    campanas, campanas,
del sollozo y del gemir de las campanas.

A Elena

Te vi una vez, una vez sola, hace años;
no diré cuántos, solo que no muchos.
Fue en julio, a medianoche; de la luna
que, plena, como tu alma remontaba
buscando un raudo surco cielo arriba,
cayó un velo de luz de argéntea seda
—serena, soñolienta y sensualmente—

Upon the upturn'd faces of a thousand
Roses that grew in an enchanted garden,
Where no wind dared to stir, unless on tiptoe—
Fell on the upturn'd faces of these roses
That gave out, in return for the love-light,
Their odorous souls in an ecstatic death—
Fell on the upturn'd faces of these roses
That smiled and died in this parterre, enchanted
By thee, and by the poetry of thy presence.

Clad all in white, upon a violet bank
I saw thee half reclining; while the moon
Fell on the upturn'd faces of the roses,
And on thine own, upturn'd—alas, in sorrow!
Was it not Fate, that, on this July midnight—
Was it not Fate, (whose name is also Sorrow,)
That bade me pause before that garden-gate,
To breathe the incense of those slumbering roses?
No footstep stirred: the hated world all slept,
Save only thee and me. (Oh, Heaven!—oh, God!
How my heart beats in coupling those two words!)
Save only thee and me. I paused—I looked—
And in an instant all things disappeared.
(Ah, bear in mind this garden was enchanted!)
The pearly lustre of the moon went out:
The mossy banks and the meandering paths,
The happy flowers and the repining trees,
Were seen no more: the very roses' odors
Died in the arms of the adoring airs.
All—all expired save thee—save less than thou:
Save only the divine light in thine eyes—
Save but the soul in thine uplifted eyes.
I saw but them—they were the world to me.
I saw but them—saw only them for hours—
Saw only them until the moon went down.

sobre la cara alzada de mil rosas
de un mágico jardín que ningún viento
osaba visitar salvo en puntillas;
cayó sobre la cara alzada de esas
rosas que a cambio de la luz de amor donaron,
en éxtasis final, su alma fragante;
cayó sobre los rostros de esas rosas
que, al sonreír, murieron encantadas
por ti, por tu poesía y tu presencia.

Toda de blanco, te vi reclinarte
en un lecho de violas; ya la luna
bañaba el rostro alzado de las rosas
y el tuyo —¡ay, con pesar!— también alzado.
¿No fue el Destino, esa noche de julio
(Destino al que también llamamos pena),
quien me retuvo ante al portal del huerto
a oler el dulce incienso de las rosas?
Dormían y también el mundo odiado
salvo tú y yo. (¡Oh Cielos! ¡Oh Dios mío!
¡Lo digo y me da un vuelco el corazón!)
Salvo tú y yo. Me interrumpí... miré...
y en un instante todo se hizo humo
(recuerda: ¡era un jardín, pero encantado!).
Cesó el fulgor perlado de la luna;
el manto mohoso y los curvos senderos,
las flores vivas y los tristes árboles
cesaron de existir; el vaho de las rosas
murió en brazos del aire adorador.
Todo expiró excepto tú o ni eso:
salvo la luz divina de tus ojos
o el alma de tus ojos elevados.
Solo a ellos vi y ellos eran el mundo.
Solo a ellos vi, los vi durante horas.
Solo a ellos mientras refulgió la luna.

What wild heart-histories seemed to lie enwritten
Upon those crystalline, celestial spheres!
How dark a wo! yet how sublime a hope!
How silently serene a sea of pride!
How daring an ambition! yet how deep—
How fathomless a capacity for love!

But now, at length, dear Dian sank from sight,
Into a western couch of thunder-cloud;
And thou, a ghost, amid the entombing trees
Didst glide away. *Only thine eyes remained.*
They *would not* go—they never yet have gone.
Lighting my lonely pathway home that night,
They have not left me (as my hopes have) since.
They follow me—they lead me through the years.
They are my ministers—yet I their slave.
Their office is to illumine and enkindle—
My duty, *to be saved* by their bright light,
And purified in their electric fire,
And sanctified in their elysian fire.
They fill my soul with Beauty (which is Hope,)
And are far up in Heaven—the stars I kneel to
In the sad, silent watches of my night;
While even in the meridian glare of day
I see them still—two sweetly scintillant
Venuses, unextinguished by the sun!

A DREAM WITHIN A DREAM

Take this kiss upon the brow!
And, in parting from you now,
Thus much let me avow—
You are not wrong, who deem
That my days have been a dream;

¡Qué historias de hondo corazón guardaban
esos celestes globos cristalinos!
¡Qué honda congoja! ¡Y qué esperanza excelsa!
¡Qué mar de orgullo silencioso y calmo!
¡Qué atrevida ambición! ¡Y qué profunda,
qué desmedida habilidad de amar!

Por fin la dulce Diana fue a ocultarse
a un lecho occidental de nubarrones;
y tú, un fantasma, entre un osario de árboles
te me escurriste. Tú, mas no tus ojos.
No se querían ir. Y aún no se han ido.
Alumbraron mi solitaria vuelta
y no me dejan (no así mi esperanza).
Me siguen, me han guiado en estos años;
yo soy su esclavo, y ellos, mis ministros.
Su oficio es encenderse y fulgurar
y mi deber, que su fulgor me salve,
purificado por su fuego eléctrico,
santificado por su elíseo fuego.
Ponen Belleza (o Esperanza) en mi alma
y flotan en el Cielo. Son los astros
ante los que me postro en mis vigilias;
mas en el meridiano albor diurno
los sigo viendo: ¡dos dulces Luceros
que brillan sin que el sol logre extinguirlos!

UN SUEÑO EN UN SUEÑO

¡Toma en la frente este beso!
Y déjame ser sincero
ahora que parto: yo creo
que no está errado quien diga
que han sido un sueño mis días;

Yet if Hope has flown away
In a night, or in a day,
In a vision, or in none,
Is it therefore the less *gone?*
All that we see or seem
Is but a dream within a dream.

I stand amid the roar
Of a surf-tormented shore,
And I hold within my hand
Grains of the golden sand—
How few! yet how they creep
Through my fingers to the deep,
While I weep—while I weep!
O God! can I not grasp
Them with a tighter clasp?
O God! can I not save
One from the pitiless wave?
Is *all* that we see or seem
But a dream within a dream?

FOR ANNIE

Thank Heaven! the crisis—
    The danger is past,
And the lingering illness
    Is over at last—
And the fever called "Living"
    Is conquered at last.

Sadly, I know
    I am shorn of my strength,
And no muscle I move
    As I lie at full length—

pero si huye la esperanza
por la noche o de mañana,
en visiones o sin ellas,
¿cambia el hecho de que *huyera*?
Lo que creemos ver o vemos
es *solo* un sueño en un sueño.

Frente al tronar de las olas
que castigan esta costa,
ciño con fuerza en la palma
granos de arena dorada.
¡Son tan pocos! Y qué pronto
se me escurren hacia el fondo,
¡mientras lloro, mientras lloro!
¡Oh Dios! ¿No puedo apretarlos
más firmemente en mi mano?
¡Oh Dios! ¿No puedo salvar
ni a *uno* del mar voraz?
¿Es lo que creemos o vemos
tan *solo* un sueño en un sueño?

PARA ANNIE

¡Gracias a Dios, la crisis,
    el peligro ha pasado!
Y el mal impenitente
    ha llegado a su ocaso,
y esa fiebre que es «Vivir»
    fue vencida de plano.

Sé, con pesar,
    que las fuerzas me fallan
y ni un músculo muevo
    mientras yazgo en la cama.

But no matter!—I feel
   I am better at length.

And I rest so composedly,
   Now, in my bed,
That any beholder
   Might fancy me dead—
Might start at beholding me,
   Thinking me dead.

The moaning and groaning,
   The sighing and sobbing,
Are quieted now,
   With that horrible throbbing
At heart:—ah, that horrible,
   Horrible throbbing!

The sickness—the nausea—
   The pitiless pain—
Have ceased, with the fever
   That maddened my brain—
With the fever called "Living"
   That burned in my brain.

And oh! of all tortures
   That torture the worst
Has abated—the terrible
   Torture of thirst
For the napthaline river
   Of Passion accurst:—
I have drank of a water
   That quenches all thirst:—

Mas ¡qué importa...! Yo siento
  que mejoro a la larga.

Y tan plácidamente
  yo reposo en mi lecho
que cualquiera podría
  suponer que me he muerto,
suponer con espanto
  que realmente estoy muerto.

Los lamentos y lloros,
  los ayes y suspiros
se han callado a la par
  de ese horrible latido
que agita el corazón,
  ¡ah, qué horrible latido!

El mareo, la náusea,
  el dolor sin medida,
ya no están, ni la fiebre
  que ayer me enloquecía,
esa fiebre —«Vivir»—
  que quemaba mis días.

Mas, ¡oh!, fue *esa* tortura
  la que, al fin, a la peor
mitigó: la terrible
  sed que un sorbo me dio
del río naftalino
  de la infame pasión;
he bebido de un agua
  que las sedes calmó.

Of a water that flows,
    With a lullaby sound,
From a spring but a very few
    Feet under ground—
From a cavern not very far
    Down under ground.

And ah! let it never
    Be foolishly said
That my room it is gloomy
    And narrow my bed;
For man never slept
    In a different bed—
And, to *sleep,* you must slumber
    In just such a bed.

My tantalized spirit
    Here blandly reposes,
Forgetting, or never
    Regretting its roses—
Its old agitations
    Of myrtles and roses:

For now, while so quietly
    Lying, it fancies
A holier odor
    About it, of pansies—
A rosemary odor,
    Commingled with pansies—
With rue and the beautiful
    Puritan pansies.

And so it lies happily,
    Bathing in many
A dream of the truth

Es un agua que fluye
   como nana de cuna,
de una napa que nace
   al frescor de una gruta,
una gruta cercana
   que es apenas profunda.

Y, ¡ah!, que nunca se diga
   sin razón ni concierto
que mi alcoba es sombría
   y ceñido mi lecho;
pues jamás he dormido
   en ningún otro lecho,
y *dormir* es soñar
   en el lecho que tengo.

Mi atormentado espíritu
   aquí a gusto se postra,
olvidando o tal vez
   no añorando sus rosas,
sus antiguos desvelos
   por los mirtos y rosas.

Pues ahora que yace
   apacible en su lecho,
se ve envuelto en perfume
   de sacros pensamientos,
un olor de romero
   junto con pensamientos
y con ruda y austeros
   y bellos pensamientos.

Y así yace feliz,
   embebido en el grácil
sueño de la veraz

And the beauty of Annie—
Drowned in a bath
   Of the tresses of Annie.

She tenderly kissed me,
   She fondly caressed,
And then I fell gently
   To sleep on her breast—
Deeply to sleep
   From the heaven of her breast.

When the light was extinguished,
   She covered me warm,
And she prayed to the angels
   To keep me from harm—
To the queen of the angels
   To shield me from harm.

And I lie so composedly,
   Now, in my bed,
(Knowing her love)
   That you fancy me dead—
And I rest so contentedly,
   Now in my bed,
(With her love at my breast)
   That you fancy me dead—
That you shudder to look at me,
   Thinking me dead:—

But my heart it is brighter
   Than all of the many
Stars in the sky,
   For it sparkles with Annie—
It glows with the light
   Of the love of my Annie—

hermosura de Annie,
anegado en el lago
  de las trenzas de Annie.

Me besó con ternura
  y con dulces caricias
mientras yo en su regazo
  poco a poco caía
desde su santo seno
  hacia honduras dormidas.

Extinguida la luz,
  me arropó con bondad,
suplicando a los ángeles
  que me libren del mal,
la reina de los ángeles
  que me guarde del mal.

Y tan quieto y tranquilo
  Reposo ahora en mi lecho
(sabiendo que ella me ama)
  que parezco estar muerto,
tan sereno reposo
  y tan calmo en mi lecho
(con su amor a mi lado)
  que parece que he muerto;
quien me viera diría
  con pavor que estoy muerto.

Mas mi corazón luce
  más brillante y volátil
que los astros del cielo
  pues titila con Annie,
lo ilumina la luz
  del amor de mi Annie,

With the thought of the light
   Of the eyes of my Annie.

ELDORADO

   Gaily bedight,
   A gallant knight,
In sunshine and in shadow,
   Had journeyed long,
   Singing a song,
In search of Eldorado.

   But he grew old—
   This knight so bold—
And o'er his heart a shadow
   Fell, as he found
   No spot of ground
That looked like Eldorado.

   And, as his strength
   Failed him at length,
He met a pilgrim shadow—
   'Shadow', said he,
   'Where can it be—
This land of Eldorado?'

   'Over the Mountains
   Of the Moon,
Down the Valley of the Shadow,
   Ride, boldly ride,'
   The shade replied,—
'If you seek for Eldorado!'

la visión de la luz
   de los ojos de Annie.

   ELDORADO

   Un caballero
   galante y apuesto,
en sombras o al solano,
   cabalgó al son
   de cierta canción
en busca de Eldorado.

   Mas con el tiempo
   fue envejeciendo
y, en su corazón bizarro
   una sombra anidó,
   pues el hombre no halló
ni sombra de Eldorado.

   Cuando sus fuerzas
   sufrieron menguas
le salió una sombra al paso.
   Sombra, le dijo,
   ¿dónde está el sitio
que llaman Eldorado?

   ¡Tras las Montañas
   de la Luna, el Valle
de las Sombras, bien gallardo,
   cabalga las horas
   —repuso la sombra—
si buscas Eldorado!

To My Mother

Because I feel that, in the Heavens above,
　　The angels, whispering to one another,
Can find, among their burning terms of love,
　　None so devotional as that of "Mother",
Therefore by that dear name I long have called you—
　　You who are more than mother unto me,
And fill my heart of hearts, where Death installed you
　　In setting my Virginia's spirit free.
My mother—my own mother, who died early,
　　Was but the mother of myself; but you
Are mother to the one I loved so dearly,
　　And thus are dearer than the mother I knew
By that infinity with which my wife
　　Was dearer to my soul than its soul-life.

Annabel Lee

It was many and many a year ago,
　　In a kingdom by the sea,
That a maiden there lived whom you may know
　　By the name of Annabel Lee;—
And this maiden she lived with no other thought
　　Than to love and be loved by me.

She was a child and *I* was a child,
　　In this kingdom by the sea,
But we loved with a love that was more than love—
　　I and my Annabel Lee—
With a love that the wingéd seraphs of Heaven
　　Coveted her and me.

A MI MADRE

Sabiendo que, cuando ellos se susurran
    palabras de ardoroso amor, los ángeles
no encuentran en el cielo azul ninguna
    que sea tan ferviente como «madre».
Con este dulce nombre te llamaba
    pues tú más que una madre fuiste, y colmas,
al liberar a mi Virginia y su alma,
    de amor mi corazón, donde reposas.
Mi madre real, la que murió en mi infancia,
    tan solo era mi madre pero tú eras
la madre de la muerta que yo amaba,
    por eso a ti te aprecio más que a aquella:
eternamente, como mi alma adora
    más a mi esposa que a su propia gloria.

ANNABEL LEE

Fue hace muchos, muchos años atrás,
    en un reino del mar turquí,
una moza de quien quizá sabrán,
    llamada Annabel Lee,
vivía sin otro anhelo que amar
    y ser amada por mí.

Y aunque éramos, *ella* y *yo*, unos niños,
    allí a orillas del mar turquí,
nos unía un amor que era más que amor
    a mí y a mi Annabel Lee,
un amor que en el Cielo habrá envidiado
    más de un leve serafín.

And this was the reason that, long ago,
   In this kingdom by the sea,
A wind blew out of a cloud by night
   Chilling my Annabel Lee;
So that her high-born kinsmen came
   And bore her away from me,
To shut her up in a sepulchre
   In this kingdom by the sea.

The angels, not half so happy in Heaven,
   Went envying her and me;
Yes! that was the reason (as all men know,
   In this kingdom by the sea)
That the wind came out of the cloud, chilling
   And killing my Annabel Lee.

But our love it was stronger by far than the love
   Of those who were older than we—
   Of many far wiser than we—
And neither the angels in Heaven above
   Nor the demons down under the sea
Can ever dissever my soul from the soul
   Of the beautiful Annabel Lee:—

For the moon never beams without bringing me dreams
   Of the beautiful Annabel Lee;
And the stars never rise but I see the bright eyes
   Of the beautiful Annabel Lee;
And so, all the night-tide, I lie down by the side
Of my darling, my darling, my life and my bride
   In her sepulchre there by the sea—
   In her tomb by the side of the sea.

Por esa razón fue que, tiempo atrás,
   en el reino del mar turquí,
de una nube vino un soplo hasta helar
   a mi hermosa Annabel Lee.
Acudieron sus deudos de alta alcurnia
   para apartarla de mí
y encerrarla dentro de un sepulcro,
   junto a ese mar turquí.

Los ángeles, no alegres en los Cielos,
   envidiaban amor tan feliz.
¡Sí! Por eso (como aquí todos saben,
   en el reino del mar turquí)
sopló de esa nube un viento nocturno
   que heló y mató a mi Annabel Lee.

Y era tanto más fuerte ese amor que el amor
   de nuestros mayores de allí
   y el de otros más sabios, ¡oh, sí!,
que nunca los ángeles de los Cielos
   ni los diablos del mar turquí
podrán separar de mi alma el alma
   de la hermosa Annabel Lee.

Y no hay luna clara que en sueños no traiga
   a la hermosa Annabel Lee,
ni brillan luceros salvo los ojos bellos
   de mi hermosa Annabel Lee;
y así la noche en vela la paso yo a la vera
de mi amada, mi amada, mi vida y consorte,
   en su sepulcro junto al mar turquí,
   junto al mar que nunca cesa de rugir.

Filosofía de la composición

En una nota que tengo ahora delante de mis ojos, Charles Dickens, refiriéndose al análisis que hice alguna vez sobre el mecanismo de *Barnaby Rudge*,[1] comenta: «Por cierto, ¿sabe usted que Godwin escribió su *Caleb Williams* al revés? Primero metió a su héroe en un nudo de problemas, cosa que conforma el segundo volumen; después, para el primero, se lanzó a la búsqueda de un modo de explicar lo que había pasado».

Me resulta difícil creer que ese haya sido el modo *preciso* en que Godwin procedió; y de hecho, lo que él mismo ha reconocido no se ajusta enteramente a la idea de Dickens, aunque el autor de *Caleb Williams* era un artista demasiado bueno como para no apreciar las ventajas que un procedimiento semejante a ese podía representar. Es evidente que todo argumento digno de tal nombre debe ser elaborado hasta su *dénouement* antes de que la pluma roce el papel. Solo si no perdemos de vista el *dénouement* podremos dar al argumento su aire imprescindible de consecuencia o causalidad, haciendo que los incidentes, y especialmente el tono en todos sus aspectos, contribuyan al desarrollo del plan.

Desde mi punto de vista, suele cometerse un error garrafal en el modo de construir un relato. O bien la historia proporciona una tesis o esta viene sugerida por algún incidente de la actualidad; o, en el mejor de los casos, el autor trabaja combinando sucesos sorprendentes para conformar la base de su propia narración. Lo hace con el propósito, por lo general, de incorporar descripciones, diálogos o comentarios que cubren cualquier fisura en los hechos o en la acción que pueda aparecer en el correr de las páginas.

Prefiero comenzar con la consideración del *efecto*. Sin perder nunca de vista la *originalidad* —dado que se engaña a sí mismo quien se atreva a prescindir de una fuente de interés tan obvia y de tan fácil acceso— me digo, en primer lugar: «De los innumerables efectos o impresiones, de los cuales el corazón, el intelecto o (con mayor frecuencia) el alma es susceptible, ¿cuál debo elegir en la presente ocasión?». Habiendo elegido un efecto que sea, en primer lugar, novedoso y, además, vívido, evalúo si es mejor causarlo mediante incidentes del tono, es decir, si mediante incidentes corrientes y un tono peculiar o, al contrario, por la peculiaridad conjunta de los incidentes y el tono; después busco a mi alrededor (o, mejor, dentro de mí) las combinaciones de acontecimientos o tonos que puedan ayudarme mejor en la construcción de ese efecto.

Muchas veces he pensado cuán interesante sería un artículo de revista en el que un autor se decidiera —en el caso de que tal cosa estuviera a su alcance— a detallar paso a paso el proceso mediante el cual alguna de sus obras llegó a su completa ejecución. No consigo explicarme por qué nadie ha entregado nunca al mundo un artículo por el estilo; quizá el motivo haya que buscarlo, antes que nada, en la vanidad de los escritores. La mayor parte de los escritores —y, en especial, los poetas— prefieren dar a entender que componen mediante una especie de delicado frenesí —una extática intuición— y parecen estremecerse ante la idea de dejar que el público vea entre bambalinas las complejas y vacilantes rudezas del pensamiento, los propósitos verdaderos solo atisbados a último momento, los innumerables atisbos de la idea que no alcanzan la madurez de una visión completa, las ideas ya muy avanzadas y que, sin embargo, son abandonadas al cabo por desesperación e incapacidad para su completo desarrollo; las prudentes elecciones y rechazos, los trabajosos borrados e interpolaciones; en una palabra: las ruedas y cadenas, las poleas y escaleras y manivelas, las plumas de ganso, la pintura roja y los parches negros que, en el noventa y nueve por ciento de los casos, constituyen las pertenencias del *histrio* literario.

No se me pasa por alto el hecho de que, por otra parte, no es frecuente encontrar un autor capaz de volver sobre sus pasos para desentrañar el modo en que llegó a sus conclusiones. Por lo general, las ideas surgen de modo desordenado; algunas de ellas se concretan y otras se olvidan sin dejar huella.

En lo que a mí respecta, nunca he sentido la repugnancia a la que acabo de aludir ni tampoco he tenido la menor dificultad en recordar la progresión de pasos con la que he escrito cada una de mis composiciones; y, dado que el interés del análisis o reconstrucción mismo que me propongo es del todo independiente del interés, real o imaginario, que pueda tener el objeto analizado, no será considerado como una falta de decoro por mi parte el que muestre el *modus operandi* mediante el cual algunas de mis obras fueron escritas. Elijo *El cuervo* porque es la más ampliamente conocida. Me propongo mostrar que ningún aspecto de su composición se debe al azar o a la intuición, sino que la obra avanzó, paso a paso, hasta su forma final con la precisión y la estricta concatenación de un problema matemático.

Dejemos de lado, por irrelevante para el poema, *per se*, las circunstancias —o la necesidad— que dio lugar a la intención de componer un poema que satisficiera a la vez el gusto del público y el del crítico.

Comencemos, entonces, por esa intención.

El primer asunto fue la extensión del poema. Si una obra literaria es demasiado larga como para ser leída de un tirón deberemos estar dispuestos a prescindir del efecto enormemente importante derivado de la unidad de impresión —pues si hacen falta dos sentadas para terminar de leerlo los asuntos del mundo interferirán y la percepción de la obra como una totalidad será imposible. Ahora bien, dado que, *ceteris paribus*, ningún poeta prescindirá de *nada* que pueda contribuir a alcanzar sus fines, será necesario evaluar si la extensión posee en sí misma alguna ventaja que compense esa pérdida en la percepción de unidad. La respuesta es sencilla: no. De hecho, lo que llamamos poema extenso no es más que una suma de poemas breves o de breves efectos poéticos. No hace falta demostrar que un poema solo merece esa denominación si conmueve el alma, elevándola; y esa emoción solo puede ser, por pura necesidad física, breve. Por eso al menos la mitad del *Paraíso perdido* es, esencialmente, prosa: una sucesión de excitaciones poéticas en las que se intercalan, *inevitablemente*, otras tantas depresiones, privando así al conjunto, a causa precisamente de su excesiva extensión, de un elemento artístico tan importante como la totalidad, la unidad del efecto.

Resulta evidente, entonces, que hay un límite visible, en lo que respecta a la extensión, para toda obra de arte literario, el límite del tirón único; y eso que, en cierto tipo de composiciones en prosa, como en *Robinson Crusoe* (que no exige unidad), puede ser sobrepasado con provecho, nunca puede sobrepasarse en un poema. Dentro de ese límite, la extensión de un poema guardará relación matemática con su mérito; en otras palabras, con la emoción o elevación que es capaz de inducir. Es evidente, así, que la brevedad debe estar en proporción directa con la intensidad del efecto buscado, con una única condición: que un cierto grado de extensión es un requisito imprescindible para producir cualquier tipo de efecto.

Sin perder de vista estas consideraciones, así como ese grado de emoción que consideré no superior al gusto popular ni inferior al del crítico, llegué a la conclusión de que la *extensión* adecuada de mi poema debía ser una extensión de unos cien versos. Y, en efecto, tiene ciento ocho.

A continuación me concentré en la elección del tipo de impresión, o efecto, que me proponía transmitir: y aquí debo observar que, a lo largo de la elaboración del poema, tuve permanentemente presente el propósito de hacer que mi trabajo fuera apreciable *universalmente*. Me apartaría mucho del asunto que estoy tratando ahora si quisiera demostrar algo en que, por lo demás, ya he insistido repetidamente, y que, en poesía, no tiene necesidad de mucho explicación; a saber, que la Belleza es el único territorio legítimo del poema. Diré unas pocas palabras, en todo caso, para elucidar mi verdadera idea, porque algunas personas cercanas a mí han mostrado cierta tendencia a tergiversarla. El placer que es, a la vez, el más intenso, elevado y puro se encuentra, según creo, en la contemplación de la belleza. Cuando, en efecto, la gente habla de Belleza se refiere, precisamente, no a la cualidad, como suele creerse, sino al efecto; es decir, en definitiva, precisamente a esa intensa y pura elevación del *alma* —*no* del intelecto ni del corazón— a la que ya me he referido, y que se experimenta al contemplar «lo bello». Entonces, designo a la Belleza como el territorio del poema sencillamente porque es una obvia regla del Arte el que los efectos surgen de causas directas y que los objetos deben alcanzarse mediante los medios más adecuados a ellos, ya que nadie negaría que la peculiar elevación a la que hemos aludido se consigue *de modo inmediato* en el poema. Pero el objeto Verdad, la satisfacción del intelecto; y el objeto Pasión, o la excitación del corazón, son, aunque hasta cierto punto alcanzables en el poema, más adecuados para la prosa. La Verdad, en efecto, exige precisión, y la Pasión una sencillez (el verdadero apasionado entenderá lo que digo) que son del todo contrapuestas a la Belleza, la cual, sostengo, es la emoción, o placentera elevación, del alma. De todo lo cual no se deduce que la pasión, o incluso la verdad, no pueda ser introducida, e incluso introducida con provecho, en un poema, ya que pueden obrar como elemento aclaratorio, o de contraste con el efecto general, como lo hacen las disonancias en música; pero el artista genuino sabrá ingeniárselas para ponerlas adecuadamente al servicio de su objetivo principal y, en segundo lugar, para envolverlas, en la medida de lo posible, en la Belleza, que es la atmósfera y la esencia del poema.

Partiendo, así, de la base de que la Belleza es mi territorio, la siguiente cuestión se refería al *tono* de su manifestación más elevada, y todas las experiencias demuestran que ese tono es el de la *tristeza*. La belleza de cualquier tipo, en su desarrollo supremo, induce invariablemente el alma hacia las lágrimas. Por lo tanto, la melancolía es el más legítimo de los tonos poéticos.

Habiendo determinado la extensión, el territorio y el tono, busqué una forma de inducción, con el objetivo de obtener alguna chispa artística que fuera la clave de la construcción del poema, un eje sobre el que pivotara toda la estructura. Al reflexionar cuidadosamente sobre los efectos artísticos habituales o, hablando con propiedad, los *nudos*, en el sentido teatral del término, no dejé de observar, de inmediato, que ninguno ha sido tan universalmente explotado como el *estribillo*. La universalidad de su utilización bastó para convencerme de su valor implícito, y me eximió de la necesidad de someterlo a juicio. Consideré, sin embargo, las posibilidades de mejorarlo, y vi enseguida que se mantenía en una condición primitiva. Tal como se usa habitualmente, el estribillo o cláusula no se limita solamente al verso lírico sino que su impresión depende de la fuerza de la monotonía, tanto en el sonido como en la idea. El placer depende por completo de la sensación de identidad o de repetición. Decidí diversificar, y realzar de ese modo, el efecto, manteniendo, en general, la monotonía del sonido a la vez que variaría continuamente la idea: es decir, me decidí a producir una serie de nuevos efectos, variando la aplicación del *estribillo*, aunque el *estribillo* permaneciera, en su mayor parte, invariable.

Establecidos ya estos puntos pasé a sopesar la *naturaleza* de mi *estribillo*. Dado que este debía variar en diversas ocasiones, se me hizo evidente que el *estribillo* debía ser breve; de otro modo habría causado dificultades insuperables en la frecuente variación de su aplicación a distintas frases. La facilidad de la variación sería proporcional a la brevedad de esa frase. Eso me llevó a concluir que el mejor *estribillo* sería una palabra única.

Llegado a este punto había que preguntarse por el *carácter* de esa palabra. Dado que había decidido utilizar un *estribillo*, la división del poema en estrofas era, por supuesto, imprescindible, y el *estribillo* debía cerrar cada estrofa. No cabía duda acerca de que ese final de estrofa, para tener presencia, debía ser sonoro y capaz de sostener un énfasis prolongado. Consideración que me llevó inevitablemente a elegir la *o* larga como la vocal más sonora, se asocia a la *r* como la consonante más productiva.

Habiendo así determinado el sonido del *estribillo* surgió la necesidad de encontrar una palabra que encarnara ese sonido y que, al mismo tiempo, mantuviera ese tono de melancolía, tal como lo había determinado para el poema. En esa búsqueda era absolutamente imposible omitir la palabra *Nevermore* («Nunca más»). De hecho, fue la primera que surgió.

El siguiente *desiderátum* era el pretexto para el uso continuado de *Nevermore*. Al observar las dificultades inherentes a la búsqueda de una razón que justificara su continua repetición; me di cuenta de que ese inconveniente nacía de la idea de que dicha palabra debía ser pronunciada de modo constante y monótono por un ser *humano*; es decir, la dificultad radicaba en la conciliación de esa monotonía con el ejercicio de la razón en la criatura que debía repetir la palabra. Entonces surgió de inmediato la idea de una criatura que *no* razonara y que fuera capaz de hablar. Naturalmente, la primera opción fue un loro; pero de inmediato fue sustituido por un Cuervo, igualmente capaz de hablar e infinitamente más adecuado al *tono* pretendido.

Había llegado así a concebir un Cuervo —el pájaro de mal agüero— que repetiría monótonamente la palabra *Nevermore* al final de cada estrofa, en un poema de tono melancólico cuya extensión sería de unos cien versos. Ahora, sin perder nunca de vista el objetivo de la *excelencia* o perfección en todos los aspectos, me pregunté: «De todos los temas melancólicos, ¿cuál es, según el criterio *universal* de la humanidad, el *más* melancólico?». La muerte, fue la respuesta obvia. «¿Y en qué momento —dije— resulta más melancólico el más poético de los asuntos?». Por lo que vengo explicando en detalle, la respuesta también esta vez resultaba obvia: «Cuando está más fuertemente vinculada a la *Belleza*; la muerte, entonces, de una mujer hermosa es, incuestionablemente, el asunto más poético del mundo, e igualmente está fuera de duda que los labios más adecuados para dicho asunto son los de un amante desolado».

Tenía entonces que combinar dos ideas: la del amante que lamenta la muerte de su amada y la del Cuervo que repite continuamente la palabra *Nevermore*. Tenía que combinarlas sin dejar de tener presente mi decisión de variar, a cada ocasión, la *aplicación* de la palabra repetida; pero el único modo inteligible de realizar esa combinación era el de imaginar al Cuervo usando la palabra en respuesta a las interrogaciones del amante. Fue entonces cuando vi la oportunidad para el efecto del que todo el poema dependía; es decir, el efecto de la *aplicación variada*. Vi que podía formular la primera pregunta lanzada por el amante, la primera pregunta a la que el Cuervo debería responder *Nevermore*, y que haría de esa primera pregunta un lugar común; de la segunda, algo menos común, de la tercera aún menos, y así sucesivamente hasta que al final el enamorado, sustraído a su inicial indolencia por el carácter melancólico de la misma palabra —por su repetición frecuente— y considerando la ominosa reputación del ave que la repite, se viera al fin impulsado a la superstición y empezara alocadamente a proponer preguntas de un carácter completamente distinto. Preguntas cuya respuesta guarda en lo profundo de su corazón, preguntas hechas a medias por superstición y a medias por una desesperación que se deleita en el tormento autoinfligido, preguntas no formuladas en la creencia del carácter profético o demoníaco del pájaro (puesto que su propia razón le asegura que este solo repite una lección aprendida de memoria) sino por el placer maníaco que experimenta en formularlas para recibir por respuesta el *esperado nevermore*, el más delicioso precisamente porque provoca la pena más insoportable. Notando la oportunidad que se me ofrecía o, más estrictamente, obligado a ello en el progreso de mi trabajo, en primer lugar establecí mentalmente el clímax, o la pregunta culminante, la pregunta en cuya respuesta la palabra *nevermore* debía estar al final, esa pregunta en cuya respuesta *nevermore* debía implicar la máxima cantidad concebible de tristeza y desesperación.

Ese fue, por lo tanto, el momento en que el poema tuvo comienzo: en el final, donde toda obra artística debería empezar, porque fue entonces, en ese momento de mis consideraciones previas, cuando puse la pluma sobre el papel para escribir la estrofa:

«¡Profeta —dije—, villano; vil profeta, ave o diablo!
Por el Dios que veneramos, por la gloria celestial,
dile a este alma sin consuelo si en el Edén postrimero
el fulgor casto y sereno de Leonor podré abrazar;
si a quien conocen los Cielos por Leonor podré abrazar.»
Dijo el cuervo: «¡Nunca más!».[2]

Compuse esta estrofa en primer lugar con el fin de poder, una vez determinado el clímax, variar y graduar de la mejor manera posible, en virtud de su seriedad e importancia, las preguntas anteriores del enamorado. También, para establecer definitivamente el ritmo, el metro, la extensión y los elementos generales de la estrofa, así como para graduar las estrofas precedentes, de modo que ninguna de ellas fuera superior a esta primera en cuanto a efecto rítmico. Incluso si hubiera sido capaz de componer, más adelante, estrofas más fuertes, las hubiera debilitado a conciencia y sin escrúpulos, con tal de que no interfirieran en el efecto del clímax.

Debo decir aquí algunas palabras acerca de la versificación. Mi primer cometido fue (como siempre) la originalidad. Es del todo inexplicable el modo en que esta cuestión ha sido descuidada en la versificación. Incluso admitiendo que las posibilidades de variación en el mero *ritmo* son limitadas, está claro que las posibles variaciones del metro y de la estrofa son prácticamente infinitas; y sin embargo, *durante siglos, nadie, en verso, hizo o mostró intenciones de hacer algo original.* El hecho es que la originalidad (excepción hecha de las mentes de un vigor sobresaliente) no tiene nada que ver con la espontaneidad ni con la intuición, como creen algunos. Por lo general, para encontrarla hay que buscarla fatigosamente, y aunque se trata de uno de los méritos más elevados exige menos inventiva que negación.

Es obvio que, en «El Cuervo», no tuve pretensiones de originalidad en el ritmo ni en el metro. Aquel es trocaico y este es un octosílabo acataléctico alternado con heptámetros catalécticos repetidos en el estribillo del quinto verso, y terminando la estrofa con un tetrámetro cataléctico. Dicho en términos menos puntillosos, el pie empleado a lo largo del poema (troqueo) consiste en una sílaba larga seguida de una corta: la primera línea de la estrofa está formada por ocho pies como el descripto; la segunda por siete y medio (de hecho, dos tercios); el tercero, de ocho; el cuarto, de siete y medio, igual que el quinto, y el sexto de tres y medio. Ahora bien, cada uno de estos metros, tomados de forma aislada, habían sido ya utilizados; la originalidad de «El Cuervo» consiste en su *combinación dentro de una misma estrofa*; nada ni siquiera aproximado a esta combinación se había intentado hasta ahora. El efecto de esta original combinación se ve potenciado por otro asimismo inusual, así como por algunos efectos novedosos surgidos de la extensión de la aplicación de los principios del ritmo y de la aliteración.

El siguiente aspecto por considerar fue el modo de reunir al amante y al Cuervo y el primer punto de esta consideración era el *lugar*. Lo más indicado parecía ser el bosque o el campo, pero desde un principio tuve la impresión de que un *espacio bien circunscripto* y cerrado era absolutamente necesario para el efecto deseado de acontecimiento aislado: tiene la fuerza del marco en un cuadro. Tiene un indudable poder moral para mantener la atención concentrada aunque, por supuesto, no debe ser confundido con la mera unidad de lugar.

Decidí entonces situar al amante en su habitación, en una habitación venerada por él debido a los recuerdos de su amada, que la había frecuentado. La estancia se representa como ricamente amueblada, de acuerdo con las ideas que ya he explicado acerca del asunto de la Belleza como única tesis verdadera de la poesía.

Determinado así el *lugar*, tenía ahora que introducir el pájaro y resultó inevitable el pensamiento de hacerlo entrar por la ventana. La idea de hacer que el enamorado creyera, en un primer momento, que el batir de las alas del pájaro contra la persiana era un «llamado» a la puerta se originó en la voluntad de aumentar y prolongar la curiosidad del lector, y en la de dar cabida al efecto adicional del enamorado al abrir de par en par la puerta, encontrando solo la oscuridad, y por consiguiente aceptando parcialmente la ilusión de que fue el espíritu de su amada el que produjo la llamada.

Me decanté por una noche de tormenta, en primer lugar para justificar que el Cuervo buscara refugio, y en segundo lugar para el efecto de contraste con respecto a la serenidad (física) del interior de la estancia.

Por otra parte, hice que el pájaro se posara sobre el busto de Palas por el efecto de contrate entre el mármol y el plumaje, dando por sobrentendido que el busto era insoslayablemente *sugerido* por el pájaro. El busto de *Palas* fue escogido, en primer lugar, para estar en consonancia con la erudición del amante y, además, por la sonoridad de la palabra Palas en sí misma.

Hacia la mitad del poema, además, me serví de la fuerza del contraste, con el objeto de profundizar la impresión definitiva. Por ejemplo, un aire fantástico viene dado por la entrada del Cuervo «con gran despliegue de alas» ["with many a flirt and flutter"].

Sin cumplido ni respeto, sin dudarlo ni un momento,
con desdén de dueña o dueño fue a posarse en el umbral,[3]

En las dos estrofas siguientes la intención aparece de modo más explícito:

Este pájaro azabache, *con sus aires fatuos, graves*,
trastocó en sonrisa suave mi febril morbosidad.
«El *penacho corto y ralo* no te impide ser osado,
viejo cuervo desterrado de la negrura abisal;
¿cuál es tu tétrico nombre en el abismo infernal?»
Dijo el cuervo: «Nunca más».

Me asombró que *un ave absurda* se expresara con
[facundia,
a pesar de que el sentido no fuera nada cabal,
pues acordarán conmigo que muy pocos han tenido
ocasión de ver cernido pajarraco así en su umbral;
bestia o pájaro cernidos en el busto del umbral
que se llamen «Nunca más».[4]

Habiendo aportado de este modo un efecto de *dénouement*, abandoné al punto la tesitura fantástica en favor de un tono más grave y profundo: este tono empieza en la estrofa que sigue a la última de las que acabo de citar, con el verso

Pero el cuervo, huraño y mustio, solo emitió desde
[el busto,[5] etc.

A partir de ese punto el enamorado deja de bromear, deja de ver todo elemento fantástico en la conducta del Cuervo. Se refiere a él como «exangüe, enjuta, agónica y grotesca ave ancestral»[6] y siente sus ojos «abrasadores» quemándole en el pecho. Esta revolución de la idea o de la fantasía por parte del amante se propone inducir un cambio similar en el lector, de modo que lleve su mente al marco adecuado para el *dénouement* que, a partir de este momento, debe producirse lo más rápida y *directamente* posible.

Con el desenlace propiamente dicho, cuando el Cuervo responde *Nevermore* a la última pregunta del amante acerca de si podrá encontrar a su amada en el otro mundo, el poema, en esta fase evidente, meramente narrativa, puede considerarse completo. Hasta este punto todo está dentro de los límites de lo que puede ser contado, de lo real. Un cuervo, habiendo aprendido de memoria una única palabra, *Nevermore*, y habiendo escapado a la custodia de su dueño, es llevado a medianoche, por la violencia de una tormenta, a buscar refugio en una ventana en la que aún brilla una luz, la ventana de la habitación de un estudiante absorto a medias en su libro, y a medias en la ensoñación de su amada muerta. Debido al golpeo de las alas del pájaro la ventana se abre y este se asienta en el lugar más conveniente para él, fuera del alcance del estudiante, quien, divertido por el incidente y por la extraña conducta del intruso, le pregunta su nombre, como en broma y sin esperar respuesta. El cuervo, así interpelado, contesta con su palabra habitual, *Nevermore*, una palabra que encuentra eco inmediato en el corazón melancólico del estudiante, quien, dando expresión a ciertos pensamientos sugeridos por la circunstancia, se ve nuevamente sobresaltado por el pájaro, que repite la palabra *Nevermore*. El estudiante intuye la verdad de la situación, pero se ve impulsado, como he explicado más arriba, debido a la humana sed de tormento autoinfligido y, en parte, también a la superstición, a formular al pájaro aquellas preguntas que le causarán las más voluptuosas tristezas, debido a la repetida respuesta anticipada, *Nevermore*. La narración, que lleva hasta el extremo esta forma del tormento, dentro de lo que he denominado su fase primera o evidente, alcanza su culminación natural, sin sobrepasar en ningún momento los límites de lo real.

Pero en las cuestiones sometidas a tales tratamientos, por hábiles que estos sean o por vívida que aparezca la exposición del incidente, siempre es visible cierta dureza o desnudez que resulta repulsiva a una mirada artística. Hay dos cosas que se requieren invariablemente: en primer lugar, cierto grado de complejidad o, para ser más precisos, de adecuación; y, segundo, cierto grado de sugestión, cierta corriente profunda, aunque imprecisa, de sentido. Es esta última, sobre todo, la que infunde a una obra de arte esa parte de *riqueza* (para utilizar un término coloquial y contundente) que tendemos a confundir con *el ideal*. Es el *exceso* de esa sugestión o de sentido sugerido —ese llevar a la superficie la parte sumergida de la corriente del tema— lo que vuelve mera prosa (y de la clase más chata) la poesía de los llamados trascendentalistas.

De acuerdo con esas opiniones, añadí al poema dos estrofas últimas —cuyo carácter sugestivo está pensado como para impregnar todo el poema. Este trasfondo de significado se muestra por primera vez en estos versos:

> ¡Quita el pico de *mi pecho* y tu sombra del portal!
> Dijo el cuervo: «Nunca más».[7]

Debe observarse que las palabras «de mi pecho» implican la primera expresión metafórica del poema. Estas, junto a la respuesta, *Nevermore*, inducen a la mente a la búsqueda de una enseñanza moral en todo lo que se ha narrado previamente. El lector empieza ahora a entender al Cuervo como un símbolo —pero hasta el último verso de la última estrofa no se manifiesta claramente la intención de hacer de él un símbolo del *recuerdo penoso y eterno*:

Y ahora el cuervo, sin moverse, aún se cierne, ¡aún se cierne!,
sobre el blanco busto inerte que corona mi zaguán;
y sus ojos asemejan los de un demonio que sueña,
y su sombra se descuelga como un aura fantasmal;
y mi alma, de esa sombra que allí flota, fantasmal,
    no va a alzarse... ¡nunca más![8]

EL PRINCIPIO POÉTICO

Mi aproximación al Principio Poético no pretende ser exhaustiva ni profunda. En un análisis aleatorio de la esencia de lo que denominamos poesía, mi objetivo principal será el de citar, como materia de reflexión, algunos de los poemas menores, ingleses o estadounidenses, que se ajustan mejor a mi gusto o que me hayan dejado una impronta más viva. Entiendo por «poemas menores», como es obvio, a los de extensión breve. Permítanme que diga aquí, desde el principio, algunas palabras acerca de un principio un tanto singular que, con o sin acierto, siempre he tenido presente en mi valoración crítica de un poema. Sostengo que los poemas largos no existen. Creo que la expresión «poema largo» es simplemente una contradicción en sus términos.

No es necesario observar que un poema solo merece ese nombre si es capaz de emocionar y elevar el espíritu. El valor de un poema radica en el grado de esa emocionada elevación. Pero toda emoción es efímera, por mera necesidad física. El grado de emoción que hace a un poema digno de llevar ese nombre no puede sostenerse durante largo tiempo. Después de un lapso de media hora como máximo se debilita y decae, causando repulsión; entonces, en efecto y de hecho, deja de ser un poema.

Sin duda, es difícil para muchos conciliar el dictamen crítico según el cual *Paraíso Perdido* debe ser admirado con devoción a lo largo de toda su extensión con la absoluta imposibilidad de mantener, durante la lectura, el grado de entusiasmo que ese dictamen crítico exige. Este gran trabajo, de hecho, debería apreciarse como poético solamente cuando, al perder de vista el requisito vital de toda obra de arte, la Unidad, lo apreciamos sencillamente como una serie de poemas menores. Si, para preservar la Unidad —su totalidad de efecto o de impresión— lo leemos (tal como sería necesario) de una sola sentada, el resultado no sería otro que el de la constante alternancia de entusiasmo y depresión. A un pasaje que percibimos como auténtica poesía sigue, inevitablemente, otro cargado de lugares comunes que ningún prejuicio crítico puede forzarnos a admirar; pero si, una vez completada la lectura, lo releemos saltándonos el libro primero —es decir, empezando por el segundo— nos sorprenderemos al encontrar admirable lo que antes habíamos condenado y, en cambio, condenaremos lo que a primera vista nos pareció admirable. De lo cual se deduce que el efecto final, completo o absoluto de la más excelsa obra épica resulta nulo —y esa es precisamente la cuestión.

Respecto de la *Ilíada* tenemos, si no una prueba concluyente, al menos muy buenas razones para creer que fue concebido como una serie de poemas líricos; incluso aceptando la intención épica del conjunto, puedo afirmar que la obra se basa en un sentido imperfecto del arte. La épica moderna es una imitación irreflexiva y ciega del supuesto modelo antiguo. Pero la época de esas anomalías artísticas ha llegado a su fin. Si, en cualquier tiempo que fuere, existió en verdad algún poema largo que *fue* realmente popular —cosa que dudo— está claro que ningún poema largo volverá a serlo nunca más.

El hecho de que la extensión de un poema equivalga, *ceteris paribus*, a la medida de su mérito resulta, así expresada, bastante absurda; es una idea que le debemos a los periódicos y las revistas. Ningún valor puede residir en la mera *extensión* considerada de modo abstracto —no puede haber nada más que mero *bulto*, en lo que se refiere a un libro, por mucho que haya despertado la admiración de esos pasquines saturnales.

Una montaña, por la mera sensación que su magnitud física suscita, *debe* causarnos sin duda una impresión sublime —pero ningún hombre se emociona de ese modo frente a la grandeza material de *La Columbíada*.[9] No puede, en este caso, acusarse a las revistas de haber deformado nuestro gusto. Al menos *hasta ahora* no han *insistido* en que nuestra estima por Lamartine debe medirse en pies cúbicos, o la de Pollok en libras —pero ¿qué otra *conclusión* podemos sacar de su cháchara insistente acerca del *esfuerzo sostenido*? Si mediante un *esfuerzo sostenido* algún caballero ha conseguido completar una epopeya merece nuestro sincero elogio —si en verdad el resultado es elogiable— pero nos ahorraremos el elogio del esfuerzo como algo épico en sí mismo. Es de esperar que, en el futuro, el sentido común juzgará la obra de arte por la impresión que causa o el efecto que produce, no por el tiempo empleado en conseguir ese efecto o por la cantidad de *esfuerzo sostenido* que ha sido necesario para causar esa impresión. El hecho es que la perseverancia es una cosa y el genio es otra bien distinta, y ni todas las revistas juntas de la era cristiana podrían confundirlas. En el futuro, esta afirmación, junto a las otras que acabo de hacer, serán tenidas por evidentes. Mientras tanto, el hecho de que se las considere como falsedades no daña esencialmente su verdad.

Por otra parte, es evidente que un poema puede ser más breve de lo adecuado. La brevedad excesiva degenera en el mero epigrama. Un poema *muy* corto puede producir eventualmente un efecto brillante o vívido, pero nunca será profundo o duradero. La presión del sello sobre la cera debe ser firme. De Béranger[10] forjó numerosas obras, mordaces o emotivas, pero en general son demasiado ingrávidas como para dejar honda impronta en la conciencia del lector; del mismo modo, otras muchas plumas ingeniosas tuvieron un momento de elevación para luego ser arrastradas por el silbido del viento.

Un ejemplo notable del resultado perjudicial que la excesiva brevedad puede tener en un poema, y del modo en que puede apartarlo del reconocimiento del público, lo tenemos en esta breve y exquisita serenata:

Me levanto tras soñar contigo
en el primer descanso suave de la noche,
cuando tenues los vientos alientan
y brillan las estrellas luminosas.
Me levanto tras soñar contigo
y un espíritu impulsa mis pies
y me lleva —¿quién sabe cómo?—
hasta la ventana de tu habitación.

El aire errante se desmaya
en la oscuridad, el arroyo calla—
el olor a magnolia se desvanece
como dulces pensamientos del sueño;
El lamento del ruiseñor
va a morir sobre un corazón
como yo debo morir en el tuyo,
¡oh, mi bienamada!

¡Oh, levántame de la hierba!
¡Muero, me desmayo, me desvanezco!
Sea tu amor una lluvia de besos
sobre mis labios y párpados pálidos.
Mi mejilla está fría y blanca, ay,
late mi corazón fuerte y rápido:
¡oh! apriétalo contra el tuyo otra vez,
¡donde, al fin, habrá de romperse![11]

Quizá sean pocos quienes estén familiarizados con estos versos —a pesar de que su autor es nada menos que Shelley. Su cálida imaginación, aunque delicada y etérea, puede ser apreciada por todos, pero nadie lo hará tan conscientemente como quien se haya despertado después de soñar dulcemente

en su amada, bañado en la brisa fragante de una noche vera-
niega y meridional.

Uno de los mejores poemas de Willis[12] —el mejor de cuan-
tos ha escrito, desde mi punto de vista— ha sido subestimado
debido a su excesiva brevedad, tanto en la opinión de los crí-
ticos como por la del público, sustrayéndolo al lugar que le
hubiera correspondido:

> Cae la sombra sobre Broadway
> —sube la marea del ocaso—
> y lentamente una bella dama
> aparece paseando orgullosa.
> Aunque iba sola, junto a ella
> invisibles espíritus marchaban.
>
> La paz hechizaba la calle,
> y el Honor hechizaba el aire;
> todos la miraban con agrado,
> todos la veían buena y hermosa—
> pues todo cuanto Dios le dio
> supo guardarlo con gran celo.
>
> Guardaba su belleza peculiar
> de sus honestos pretendientes—
> su corazón solo era vulnerable al oro
> y los ricos no la cortejaban—
> Pero todo encanto puede venderse
> si un sacerdote es quien negocia.
>
> Ahora pasea otra hermosa muchacha—
> delgada y pálida como un lirio;
> la escolta una compañía invisible
> que hace estremecerse el alma—
> entre deseo y desprecio camina triste
> sin que nada pudiera salvarla.

Ninguna piedad puede limpiar su frente
para que goce de paz en este mundo;
cuando el amor lanzó su plegaria
su corazón de mujer se partió—
pero el pecado, que Cristo perdona en los Cielos,
en el mundo el hombre maldice.

En esta composición no resulta fácil reconocer al Willis que ha escrito tantos sencillos «versos de ocasión». Los versos de este poema no solo son ricos en ideal sino que están llenos de energía; y desprenden una honestidad —una evidente sinceridad de sentimiento— que en vano buscaremos en los otros trabajos del autor.

Mientras la manía épica —la idea de que, para que un poema tenga algún mérito, es indispensable que sea extenso— ha ido apagándose en el entendimiento del público, a causa de lo absurda que resulta, vemos que fue sustituida por una herejía tan visiblemente falsa como intolerable, pero que, en el breve periodo de su vigencia, ha corrompido nuestra Literatura Poética en un grado mayor que el de todos sus enemigos sumados. Me refiero a la herejía de *lo Didáctico*. Se ha asumido, de manera tácita y manifiesta, directa e indirectamente, que el objetivo último de la poesía es la Verdad. Todo poema, se dice, debe inculcar un contenido moral; y en base a esa moral se juzga el mérito de una obra poética. Nosotros, los estadounidenses, hemos adoptado con especial entusiasmo esa idea alegre; y nosotros, los bostonianos, la hemos desarrollado por completo. Nos hemos convencido de que escribir un poema simplemente por el poema mismo, y reconocer que esa ha sido nuestra intención, sería como confesar que carecemos por completo de dignidad y fuerza poética; pero el hecho es que si, en este punto, se nos permitiera mirar dentro de nuestras almas, descubriríamos de inmediato que bajo el sol no existe ni *puede* existir ninguna obra más profundamente digna, más supremamente noble que ese mismo poema, ese poema *per se*, el poema que es poema y nada más, el poema escrito solamente por el poema mismo.

Profeso una gran veneración por la Verdad, como todo corazón humano; sin embargo, pondría ciertas restricciones a los modos de inculcarla. Intentaría limitar su insistencia y así evitaría que se debilite a fuerza de derrocharla. Las exigencias de la Verdad son estrictas. No tiene simpatía por el mirto. *Todo* cuanto resulta indispensable en una canción equivale, precisamente, a lo que nada tiene que ver con la verdad. Arroparla en gemas y flores no hace sino volverla una ostensible paradoja. Debemos ser sencillos, claros y concisos. Debemos mantenernos fríos, serenos y desapasionados. En una palabra, debemos ser capaces de mantener un estado de ánimo que se acerque todo lo posible al opuesto exacto del estado de ánimo poético. Quien no sea capaz de percibir las radicales y abismales diferencias entre los modos de transmisión de la verdad y los de la poesía no puede sino estar ciego. Solo alguien enloquecido sin remedio por la teoría puede, a pesar de todas estas diferencias, persistir en el intento de reconciliar las obstinadas aguas y aceites de Poesía y Verdad.

Si dividimos el mundo de la mente en sus tres categorías evidentes e inmediatas, nos encontramos con el Intelecto Puro, el Gusto y el Sentido Moral. Pongo el Gusto en medio porque esa es precisamente la posición que ocupa en la mente. Mantiene estrechas relaciones con ambos extremos, pero está separado del Sentido Moral por una diferencia tan leve que Aristóteles no dudó en ubicar algunas de sus operaciones entre las virtudes mismas. Sin embargo, vemos que las *funciones* de este trío se distinguen claramente. El Intelecto se ocupa de la Verdad, el gusto nos informa acerca de la Belleza y el Sentido Moral se ocupa del Deber. Acerca de este último, mientras la Conciencia enseña la obligación y la Razón, la conveniencia, el Gusto se contenta con mostrar el encanto: librando una guerra contra el Vicio por la única razón de su deformidad

—su desproporción—, su enemistad con lo adecuado, lo apropiado, lo armonioso; en una palabra, con la Belleza.

El sentido de lo Bello es, entonces, un instinto inmortal, arraigado en lo profundo del espíritu humano. Este se vale, para su deleite, de las más diversas formas, sonidos, olores y sentimientos entre todas las que existen. Así como el lirio se refleja en el lago o los ojos de Amarilis en el espejo, la mera repetición oral o escrita de esas formas, sonidos, colores, olores y sentimientos es una fuente de placer duplicada. Pero la mera repetición no es todavía poesía. Quien sencillamente canta, aunque lo haga con encendido entusiasmo, o con vívida veracidad en las descripciones, o en las visiones, y sonidos, olores, sentimientos que *lo* reciben en comunión con la humanidad —este, digo, no ha logrado aún recoger su título divino. Todavía hay algo distante, que no ha alcanzado. Tenemos una sed insaciable porque todavía no nos ha mostrado los manantiales cristalinos. Esa sed pertenece a la inmortalidad del Hombre. Es a la vez consecuencia e indicio de su existencia perenne. Es el deseo de la polilla por la estrella. No se trata solo de la apreciación de la Belleza que tenemos delante sino del salvaje esfuerzo por alcanzar la Belleza que está por encima de nosotros. Inspirados por esa extática intuición de las glorias de ultratumba, y mediante objetos y pensamientos temporales combinados de las más diversas maneras, luchamos por alcanzar una parte de esa Hermosura cuyos elementos, acaso, solo pertenecen a la eternidad. Entonces, cuando a través de la Poesía o de la Música —el más fascinante de los humores poéticos— nos encontramos bañados en lágrimas, no lloramos, como supone el abate Gravina, por el exceso de placer sino por una tristeza irritante e impaciente debida a nuestra incapacidad de sujetar *ahora*, por entero, aquí en la Tierra, de una vez y para siempre, esos gozos divinos y cautivantes de los que, *mediante* el poema o *mediante* la música, solo tenemos vislumbres breves e indefinidos.

La lucha por apresar la suprema Hermosura, librada por

las almas mejor constituidas, ha dado al mundo *todo* lo que este ha sido capaz de comprender y de *sentir* como poético.

El Sentimiento Poético, como es obvio, puede desarrollarse en diversas direcciones: en Pintura, Escultura, Arquitectura, Danza; muy especialmente, en Música; y muy en particular, y de modo muy amplio, en la composición de paisajes en los jardines. Nuestro tema presente, en todo caso, se limita a la expresión verbal. Por eso quiero referirme aquí brevemente a la cuestión del ritmo. Tengo la certeza de que la Música, en los diversos modos de metro, ritmo y rima, es de tal importancia en la Poesía que ninguna persona sensata puede menospreciarla; es un instrumento tan vital que solo un necio renunciaría a él; por eso mismo no me detendré a justificar su carácter esencial. La Música es, quizá, el ámbito en el que el alma está más cerca de ese gran fin por el que lucha cuando está inspirada por el Sentimiento Poético —la creación de la Belleza celestial. En efecto, *puede ser* que, en diversos momentos, ese fin sublime sea *alcanzado*. Con frecuencia sentimos, con un delicioso estremecimiento, que en un arpa terrenal se han tañido notas que los ángeles *no pueden* ignorar. Y no podemos albergar ninguna duda acerca de que en el encuentro entre Poesía y Música en su sentido popular, encontramos el campo más amplio para el desarrollo poético. Los viejos Bardos del Minnesänger tenían ventajas que nosotros no poseemos —y Thomas Moore,[13] al cantar sus propias canciones las perfeccionaba en tanto poemas del modo más legítimo.

Recapitulando, entonces: —definiría, brevemente, la Poesía hecha de palabras como la *Creación Rítmica de Belleza*. Su único árbitro es el Gusto. Con el Intelecto o con la Conciencia solo tiene relaciones secundarias. Sus relaciones con el Deber y con la Verdad son solo incidentales.

Unas pocas palabras más, a modo de explicación. *Ese* placer que es, a la vez, el más puro, el más elevado y el más intenso deriva, según sostengo, de la contemplación de lo Bello. Solo en la contemplación de lo Bello encontramos la posibilidad de alcanzar esa elevación o emoción *del alma* que identificamos como el Sentimiento Poético, y que tan fácilmente se distingue de la Verdad, que es la satisfacción de la Razón, y de la Pasión, que es la excitación del corazón. Entonces, considero la Belleza —uso esta palabra en su sentido más amplio, que abarca lo sublime— como el territorio del poema, sencillamente porque es, obviamente, una regla del arte el hecho de que sus efectos nazcan lo más directamente que se pueda de sus causas; y nadie es tan simple como para negar que la particular elevación a la que me refiero es como mínimo más *fácil de alcanzar* en el poema. Pero no podemos deducir de ello que las provocaciones de la Pasión, o los preceptos del Deber, o incluso las lecciones de la Verdad, no puedan tener lugar en el poema, y con provecho; estos deben servir, ocasionalmente y en diversos modos, al propósito general de la obra; pero el artista auténtico encontrará siempre el modo de moderarlos y subsumirlos a esa Belleza, que es la atmósfera y la auténtica esencia del poema.

No encuentro mejor manera de introducir los pocos poemas que quiero presentar a vuestra consideración que mediante la cita del Proemio de «Waif» [Abandonado], de Longfellow:[14]

> Concluye el día y la tiniebla
> cae desde las alas de la Noche
> como una pluma desprendida
> de un Águila en pleno vuelo.
>
> Veo cómo las luces del pueblo
> brillan entre la lluvia y la niebla
> y me envuelve un aire triste
> que el alma no puede ahuyentar;
>
> Un sentimiento de tristeza y nostalgia
> que no es igual al dolor,
> y que solo se parece a la pena
> como la niebla a la lluvia.

Ven, léeme algún poema,
alguna balada franca y sencilla,
que calme esta inquieta sensación
y disipe los pensamientos del día.

No de los grandes maestros antiguos,
no de los poetas sublimes,
de cuyos pasos los ecos lejanos
cruzan los pasillos del Tiempo.

Porque, como arrebatos de música marcial,
sus ideas poderosas sugieren
el trabajo y esfuerzo infinito;
y esta noche quiero descansar.

Lee de algún humilde poeta,
cuyas canciones brotaron de su pecho
como la lluvia de las nubes en verano
o como lágrimas que caen de los párpados.

De quien en largos días de trabajo
y en noches vacías de reposo
nunca dejó de escuchar con el alma
la música de magníficas melodías.

Esas canciones consiguen acallar
el pulso incansable de la preocupación
y llegan como la bendición
que viene después de la plegaria.

Lee, pues, de tu libro favorito
el poema que prefieras,
y préstale a la rima del poeta
toda la belleza de tu voz.

Y la noche se llenará de música,
y las preocupaciones del día
tendrán que recoger sus tiendas
y, como los árabes, huir en silencio.

Aunque en ellos la imaginación no alcanza su rango más alto, estos versos han sido admirados con justicia por su delicadeza expresiva. Algunas de sus imágenes son muy eficaces. Nada puede ser mejor que:

---------- los poetas sublimes,
de cuyos pasos los ecos lejanos
cruzan los pasillos del tiempo.

La idea de la última cuarteta es, también, muy eficaz. El poema, en su conjunto, debe ser admirado por la elegante *despreocupación* de la métrica, bien acordada con el carácter de los sentimientos y, especialmente, con lo *relajado* de su forma en general. En la moda que impera desde hace ya un largo tiempo, esta «relajación» o naturalidad en el estilo literario es vista como una característica solo de la apariencia, y difícil de dominar. Pero es un error: la forma natural es difícil solo para quien no está habituado a ejercerla —es decir, para el que no es natural. No es otra cosa que el resultado de escribir con la idea, o con el instinto, que indica que *el tono*, en composición, debería ser siempre el que adoptaría la mayoría —y que, obviamente, ha de variar según la ocasión. El escritor que, de acuerdo con los lineamientos de la *North American Review*, debe en *toda* ocasión mostrarse «sereno», parecerá en muchas ocasiones un rematado tonto o estúpido; y no tendrá más derecho de ser considerado «relajado» o «natural» que un delicado poeta suburbano, o que la Bella Durmiente de un museo de cera.

Entre los poemas menores de Bryant[15] el que más me ha

impresionado es el que se titula «Junio». Cito solo una parte del mismo:

Allí, tras las largas, largas horas de verano
la luz dorada debería yacer
y espesas hierbas nuevas y ramas floridas
alzarse en el esplendor de su hermosura.
La oropéndola, hacer su nido y cantar
su cuento de amor, cerca de mi celda;
la mariposa que vaga
debería hallar reposo, y se oiría
a la abeja ajetreada y al colibrí.

¿Y qué si alegres gritos al mediodía,
que llegan desde el pueblo,
o canciones de doncellas, bajo la luna,
se mezclan con la risa de las hadas?
¿Y qué si en la luz crepuscular
los novios prometidos caminan junto
al monumento levantado en mi honor?
Me gustaría que en este lugar hermoso
no se vieran ni oyeran cosas tan tristes.

Lo sé, sé que no habría de ver
el glorioso espectáculo de la estación,
sé que sus rayos no brillarían para mí
ni fluiría ya su música silvestre;
pero si, alrededor de mi lugar de reposo,
los amigos que amo acuden a llorar
quizá no tengan prisa en irse.
Suaves melodías y canciones, y luz, y flores,
los harían detenerse junto a mi tumba.

Deberían llevar en sus corazones
el recuerdo de lo que ya pasó,

y hablar de aquel que ya no puede
compartir la dicha de este paisaje;
cuya parte en el fasto que llena
el circuito de las colinas en verano
es... que su tumba es verde;
y cómo se alegrarían sus corazones
si su voz sonara hoy de nuevo.

La corriente rítmica, aquí, resulta incluso voluptuosa
—nada puede ser más melodioso. Este poema siempre me ha
impresionado de un modo notable. La intensa melancolía que
parece emerger, necesariamente, de todo lo que el poeta dice,
con cierta alegría, acerca de su tumba, nos emociona hasta el
alma —en tanto que existe una auténtica elevación poética en
esa emoción. La impresión que deja es la de una agradable
tristeza. Si en las composiciones que citaré a continuación
hay en apariencia un tono más o menos similar, dejadme que
os recuerde que (no sabemos cómo ni por qué) este matiz de
tristeza está inextricablemente ligado a las más altas manifes-
taciones de la verdadera Belleza. Se trata, sin embargo, de

Un sentimiento de tristeza y nostalgia
que no es igual al dolor,
y que solo se parece a la pena
como la niebla a la lluvia.

El matiz al que me refiero es claramente perceptible inclu-
so en un poema tan brillante y lleno de energía como «Health»
[Salud] de Edward Coote Pinkney:[16]

Levanto esta copa en su honor
porque solo de gracia está hecha:
hablo de una mujer, el más alto
modelo de su dulce sexo;
a ella los mejores elementos

y los astros favorables concedieron
una forma tan bella que, como el aire,
es más del cielo que del suelo.

Su voz se parece a la música
como la de los pájaros al amanecer,
y en sus palabras a veces
hay algo más que melodías;
son la efigie de su corazón
y desde sus labios fluyen
como la abeja cargada sale
de la rosa en primavera.

Los afectos son en ella como ideas,
la medida de sus horas;
sus sentimientos tienen la fragancia,
la frescura de las flores nuevas;
y las bellas y volubles pasiones
la colman y la hacen parecerse
a la imagen de lo que ellas han sido,—
¡el ídolo de los años idos!

De su rostro brillante una sola mirada
trazará la imagen de la mente
y el sonido de su voz dejará
un largo eco en los corazones;
mas el recuerdo que de ella atesoro
me causa tal sentimiento de amor
que en mi hora final suspiraré
no por la vida que pierdo sino por ella.

Levanto esta copa en su honor
porque solo de gracia está hecha,
hablo de una mujer, el más alto
modelo de su dulce sexo —

¡A su salud! si sobre la tierra hubiera
muchos seres parecidos a ella,
la vida misma sería poesía
y el desengaño, una palabra vacía.

Pickney tuvo la desgracia de haber nacido demasiado al Sur.
De haber sido originario de Nueva Inglaterra, probablemente
hoy sería considerado como el mayor poeta lírico de Estados
Unidos por esa camarilla magnánima que ha dominado durante
largo tiempo los destinos de la literatura nacional, mediante esa
cosa llamada *The North American Review*. El poema que acabo
de citar es especialmente hermoso; pero la elevación poética a la
que induce debemos adjudicarla en primer lugar a nuestra sim-
patía por el entusiasmo del poeta. Perdonamos sus hipérboles
por la evidente honestidad con que las declara.

Sin embargo, no tengo el propósito de extenderme acerca
de los *méritos* de los poemas que leo aquí. Estos hablan por sí
solos. Boccalini, en sus *Noticias del Parnaso*, cuenta que, en
cierta ocasión, Zoilo le mostró a Apolo una crítica muy cáus-
tica que había escrito acerca de un libro en verdad admirable;
tras lo cual el dios le preguntó por las bellezas de la obra. Zoi-
lo respondió que él solo se ocupaba de los errores; ante ello,
Apolo le entregó una bolsa de trigo sin aventar, ordenándole
quedarse con *la paja* por todo pago.

Esta fábula es una excelente réplica a los críticos, aunque
no estoy convencido de que el dios tuviera razón. No estoy
seguro en absoluto de que los verdaderos límites de la fun-
ción del crítico no hayan sido gravemente incomprendidos.
La excelencia, especialmente en un poema, debe considerarse
a la luz de un axioma que, si se *aplica* de forma apropiada,
muestra de inmediato su obviedad: la excelencia no es tal si
requiere de una demostración. Por consiguiente, demostrar los
méritos particulares de una obra de Arte consiste en admitir
que *no* existen tales méritos.

Entre las *Melodías* de Thomas Moore hay una cuyo carácter distinguido parece no haber sido apreciado. Me refiero a los versos que comienzan «Come, rest in this bosom» [Ven, descansa sobre este pecho]. La intensa energía de su expresión no es inferior a la de ningún poema de Byron. Hay dos versos en los que el sentimiento se expresa de tal forma que encarna *completamente* la divina pasión del Amor; un sentimiento que, quizá, haya encontrado su eco en más corazones humanos, y en los más apasionados de ellos, antes que ningún otro sentimiento particular encarnado por las palabras:

Ven, descansa sobre este pecho, mi venado herido,
aunque la manada te abandone tu casa sigue aquí;
aquí está la sonrisa, que ninguna nube empañará,
y un corazón y unas manos que siempre te acompañarán.

¡Oh! ¿para qué sirve el amor si no es igual
en la dicha y el tormento, en la gloria y la desgracia?
No sé, no quiero saber si este corazón es culpable,
solo sé que te amo, quienquiera que seas.

Me llamaste tu Ángel en los ratos de alegría
y seré también tu Ángel cuando solo haya tristeza, —
seguiré tus pasos sin miedo a los peligros
para defenderte y salvarte, ¡o bien morir contigo![17]

En los últimos tiempos se ha puesto de moda decir que Moore carece de Imaginación, aunque se le reconoce Fantasía, una distinción que tiene su origen en Coleridge, precisamente quien comprendió mejor que nadie la gran fuerza de Moore. El hecho es que la fantasía de este poeta predomina de modo tan evidente sobre sus otras facultades, y sobre la fantasía de los hombres en general, como para inducir, de modo natural, a la idea de que Moore es *tan solo* un poeta fantasioso. Imposible pensar en un error mayor. Nunca ha habido un error más grosero acerca de la reputación de un verdadero poeta. En el perímetro de la lengua inglesa no conozco ningún poema más profundamente —más sobrecogedoramente— *imaginativo*, en el mejor sentido del término, que aquel de Moore que empieza «I would I were by that dim lake» [«Me gustaría estar junto a ese lago sombrío»]. Lamento no recordarlo por entero.

Uno de los más elevados —y, hablando de Fantasía, uno de los más singularmente fantasiosos de los poetas modernos—, fue Thomas Hood. Su «Fair Ines» [Bella Inés] siempre tuvo, para mí, un encanto imposible de definir:

¿No conocéis aún a la bella Inés?
Al Oeste ella se fue,
a brillar en los atardeceres,
y dejar al mundo sin descanso:
se llevó con ella la luz del día,
las sonrisas más queridas,
con rubor matinal en su mejilla
y perlas sobre el pecho.

Oh, vuelve, bella Inés,
antes de que caiga la noche,
porque la luna teme brillar sola
y las estrellas temen lucir sin rival,
bendito sea el enamorado
que camine bajo esas luces,
y aspire el amor en tus mejillas
tal que a describirlo no me atrevo.

¡Yo hubiera querido ser, bella Inés,
ese valiente caballero,
que a tu lado cabalgaba
y te murmuraba al oído!
¿No había en tu país lindas doncellas,
no había aquí amantes fieles,

que tuvo que cruzar los mares
para ganarse el amor más deseado?

Te he visto, bella Inés,
en el paseo por la playa,
rodeada de nobles caballeros
portando sus banderas;
y gentiles jóvenes y alegres doncellas,
tocados de blancos penachos;
habría sido un sueño hermoso
¡si tan solo fuera sueño!

¡Ay, ay, bella Inés,
ella se fue entre canciones.
con música guiando sus pasos,
y gritos de la multitud;
pero algunos estaban muy tristes
y la música los ofendía,
los sonidos que decían adiós, adiós,
a aquella que tanto tiempo amasteis.

Adiós, adiós, bella Inés.
ese barco nunca llevó
en su cubierta a mujer más bella
ni con un paso más sutil, —
¡Ay, qué placer en el mar,
y cuánta pena en la costa!
La sonrisa bendijo el corazón de un amante
¡pero cuántos corazones rompió antes![18]

«The Haunted House» [«La casa encantada»], del mismo
autor, es uno de los poemas más auténticos que se hayan es-
crito —uno de los más *verdaderos*, uno de los más irrepro-
chables, uno de los más profundamente artísticos, tanto en su
asunto como en su ejecución. Posee, además, un gran vigor de

ideal y de imaginación. Lamento que su extensión lo vuelva inadecuado para esta conferencia. Permítanme que les ofrezca, en cambio, el universalmente apreciado «Bridge of Sighs» [«Puente de los suspiros»]:

> Otra desgraciada
> cansada de respirar
> con importuna urgencia
> corrió hacia la muerte.
>
> Levantadla suavemente,
> alzadla con cuidado,—
> ¡era tan delicado su talle,
> tan joven y tan bella!
>
> Mirad su vestido
> ceñido como sudario;
> aunque el río todavía
> gotea de la tela;
> Levantadla de inmediato,
> con cariño, sin rencor.
>
> No la toquéis con desdén
> y pensad en ella con pesar,
> con amable humanidad;
> ya no son las manchas
> lo que de ella queda,
> ahora es solo una mujer.
>
> No intentéis averiguar
> acerca de cuál fue su impulsivo
> e irresponsable error;
> todo deshonor es pasado,
> la muerte ha dejado en ella
> solamente la hermosura.

Por grave que fuera su error
era de la familia de Eva—
enjugad sus pobres labios,
todavía húmedos y ya fríos.

Recoged los bucles
que escapan a la diadema,
sus bellos bucles castaños;
y preguntaros con asombro,
¿cuál fue su hogar?

¿Quién era su padre?
¿quién era su madre?
¿Tenía acaso una hermana?
¿O quizá un hermano?
¿O tenía a alguien más querido,
alguien más cercano,
más amado que nadie?

¡Ay! Qué poco frecuente es
la cristiana caridad
bajo el sol.
¡Oh! ¡Qué lamentable!
En la ciudad populosa
ella no tenía hogar alguno.

Los sentimientos de hermanos,
hermanas y padres
han cambiado para siempre:
el amor, ante esa dura prueba,
fue depuesto de su eminencia;
hasta la Divina providencia
parece ahora alejarse.

Donde las farolas se estremecen
justo al lado del río,
frente a las luces numerosas
de ventanas y ventanucos,
desde el ático hasta el sótano,
ella atónita pasaba
la noche sin hogar propio.

El lúgubre viento de mayo
la hacía estremecerse y temblar;
pero no el puente oscuro
ni el negro fluir del río:
enloquecida por la vida,
alegre en el misterio de la muerte,
rápidamente se arrojó—
¡a cualquier lugar, con tal
de estar fuera de este mundo!

Allí se arrojó sin dudarlo
a pesar del agua fría
que el brusco río arrastra,
al borde de la ribera.
¡Imaginadlo, pensad en ello,
hombres perversos!
Luego lavaros en el río
o bebed de él, si podéis.

Levantadla suavemente,
alzadla con cuidado,—
¡era tan delicado su talle,
tan joven y tan bella!
Antes de que sus miembros
se enfríen y endurezcan,
con decoro y dulzura,
extendedlos y arregladlos;

¡y cerradle los ojos,
fijos en su ceguera!

Terriblemente fijos a través
de su cenagosa impureza,
como en el momento de su osada
última mirada al desaliento
fija en el futuro.

Muriendo tristemente,
empujada por el desprecio,
la gélida indiferencia
y la ardiente locura
a buscar al fin reposo,—
¡cruzadle las manos con humildad
como en silente oración,
sobre el pecho!
¡Confesando su debilidad,
su conducta inadecuada,
y dejando, dócilmente,
sus pecados al Salvador![19]

La fuerza de este poema no es inferior a su dramatismo.
La versificación, aunque conduzca el tono fantasioso hasta el
borde mismo de lo fantástico, resulta de todas formas admi-
rablemente adecuada a la tormentosa locura que constituye la
tesis del poema.

Entre las piezas menores de Lord Byron hay una que no
ha recibido de los críticos el aprecio que sin duda merece:

La jornada de mi sino anocheció
y la estrella de mi hado se apaga
pero tu tierno corazón no quiere advertir
las faltas que los demás señalaban;
tu alma sabía de mi dolor

y no dudó en quedarse a mi lado,
y el amor que mi espíritu pintó
nunca lo encontró sino en *ti*.

Entonces, si la naturaleza alrededor sonríe,
y es la última sonrisa que responde a la mía,
no creo que me esté engañando
pues me recuerda a cómo me sonreías;
y cuando el viento está en guerra con el mar,
como los corazones en que creí lo están conmigo,
si las olas me mueven a la emoción
es porque me están alejando de *ti*.

Aunque se rompa la roca de mi última esperanza
y sus fragmentos se hundan entre las olas,
aunque sienta que mi alma se encamina
al dolor... no será su esclava.
Muchos sufrimientos me perseguirán:
podrán aplastarme, pero no seré despreciado...
Podrán atormentarme, pero no me vencerán...
porque pensaré en *ti*... no en ellos.

Aunque humana, no me decepcionaste;
aunque mujer, no me abandonaste;
aunque amada no me heriste;
aunque te calumniaron no vacilaste;
aunque confié en ti no me ignoraste;
aunque nos separamos no huiste;
aunque me vigilabas no me infamaste;
ni callaste para que no te contradijeran.

No culpo al mundo ni lo desprecio
ni a la guerra de muchos contra uno;
si mi alma no supo resistirla
había que evitarla cuanto antes.

Y si ese error me costó más caro
de lo que creí haber previsto,
por muchas que sean mis penas
no me han privado de *ti*.

Del naufragio de los días pasados
me queda al menos un recuerdo:
me enseñó que lo más venerado
es lo que más merece amarse.
En el desierto una fuente está manando,
en el vasto baldío aún queda un árbol
y en él un pájaro canta solitario
que, a mi espíritu, le habla de *ti*.[20]

Aunque el ritmo del poema es muy complejo, la versificación difícilmente podría mejorarse. No hay *asunto* más noble para la pluma de un poeta. Es una idea que eleva el espíritu: ningún hombre puede considerarse autorizado a quejarse de su Destino si, a pesar de las adversidades, pudo mantener el amor inquebrantable de una mujer.

De Alfred Tennyson —y aunque, con toda sinceridad, lo considero el más elevado de cuantos poetas ha habido— apenas me queda tiempo de citar un ejemplo muy breve. Lo llamo, y lo *considero*, como el más elevado de los poetas *no* porque las impresiones que provoca sean, *siempre*, las más profundas, *ni* porque las emociones poéticas que induce sean *siempre* las más intensas, sino porque *es* siempre el más etéreo, es decir, el más elevado y puro. Ningún poeta pertenece menos a la tierra, es menos terrenal. Lo que les voy a leer pertenece a su largo y último poema «The Princess» [La princesa]:

Lágrimas, vanas lágrimas, no sé qué significan,
lágrimas profundas de una desolación divina
suben desde el corazón y en los ojos se agolpan

al contemplar los felices campos de otoño
y pensar en los días que ya no volverán.

Frescos como el rayo que brilla en la vela,
que trae desde el averno a los amigos nuestros,
triste como el último rayo que colorea la nave
y se hunde junto a todo lo que amamos;
tan tristes, tan frescos, los días que no volverán.

Ah, tristes y extraños como al alba, en verano,
el temprano canto de los pájaros que despiertan
para el oído del agonizante, cuando los ojos que agonizan
ven cómo la plaza brilla tras la ventana;
tan tristes, tan raros los días que no volverán.

Caros como los besos recordados tras la muerte
y dulces como aquellos que la fantasía inventa
en labios de otros; profundo como el amor,
profundo como el primer amor, por la nostalgia excitados;
¡Oh Muerte en Vida, los días que no volverán![21]

De este modo, aunque de manera somera e imperfecta, me
he esforzado en expresarles mi concepción del Principio Poé-
tico. Mi propósito ha sido el de sugerir que, en tanto este
Principio es, estricta y simplemente, la Aspiración Humana a
la Belleza Suprema, su manifestación se encuentra siempre en
una elevada exaltación del Alma. La cual resulta, por otra
parte, independiente tanto de la pasión que embriaga al cora-
zón y de la Verdad que satisface a la Razón. Pues, en cuanto a
la Pasión, ¡ay!, su tendencia es a degradar el alma, antes que a
elevarla. El amor, por el contrario, el Amor verdadero, el di-
vino Eros —la Venus Urania, opuesta a la Venus Dionea— es
incuestionablemente el más puro y verdadero de los temas
poéticos. En lo que respecta a la Verdad: es cierto que al con-
quistar una verdad percibimos una armonía donde en apa-

riencia no había ninguna, y experimentamos, a la vez, el verdadero efecto poético; pero ese efecto se refiere solo a la armonía, y no a la verdad, cuya única función aquí es la de hacer manifiesta la armonía.

Para llegar rápidamente a una clara distinción de lo que es la verdadera Poesía debemos referirnos a los elementos simples que inducen en el propio Poeta los auténticos efectos poéticos. El Poeta reconoce la ambrosía que nutre su alma en la agitación de los campos de trigo, en la oblicuidad de los altos árboles de Oriente, en la distancia azul de las montañas, en las agrupaciones de las nubes, en el centelleo de los arroyos medio ocultos, en el resplandor de los ríos plateados, en el reposo de los lagos aislados, en los pozos profundos donde la estrella se contempla. La percibe en el canto de los pájaros, en el arpa eólica, en el suspiro de la brisa nocturna, en la voz quejumbrosa del bosque, en las olas que lloran en la playa, en el aliento fresco de la leña, en el aroma de las violetas, en el voluptuoso perfume de los jacintos; en el olor sugestivo que le llega, a la caída de la tarde, de las lejanas islas no descubiertas todavía, más allá de los mares sombríos, infinitos, inexplorados. La extrae de todo pensamiento noble, de todo motivo ideal, del impulso sagrado, de todas las acciones caballerosas, desinteresadas y esforzadas. La siente en la belleza de la mujer, en la gracia de su caminar, en el brillo de sus ojos, en su voz melodiosa, en su risa suave, en sus suspiros, en la armonía susurrante de su vestido. Profundamente la siente en su victoriosa ternura, en su ardiente entusiasmo, en su amable caridad, en su dócil y devota paciencia; pero sobre todo —ah, sobre todo— se arrodilla ante todo eso, lo adora en la fe, en la pureza, en la fuerza, en el esplendor completamente divino de su *amor*.

Permítanme concluir recitando aún otro breve poema, de carácter muy distinto a todos los que he citado antes. Es de Motherwell,[22] y se titula «The Song of the Cavalier» [La canción del caballero]. Con nuestras ideas modernas y por completo racionales acerca de lo absurdo e impiadoso de la guerra no nos encontramos en la mejor posición para simpatizar con los sentimientos que mueven al poema ni, por tanto, para apreciar su verdadera excelencia. Para hacerlo plenamente debemos identificarnos, en nuestra imaginación, con el alma del viejo caballero:

> A los caballos, a los caballos, bravos jinetes,
> y calaros con fuerza el yelmo;
> los correos de la Muerte —Fama y Honor—
> nos llaman de nuevo a la palestra.

> Ninguna lágrima empañará nuestros ojos
> cuando el puño de la espada nos llene la mano...
> con el corazón ligero, partimos sin suspirar
> por las bellas muchachas del país.

> Que la flauta del pastor y los cobardes
> lloren y se lamenten con viveza.
> ¡Nuestro destino es luchar como hombres
> y como héroes morir en la batalla![23]

Notas

1. Novela de Dickens, publicada en 1841.

2. "Prophet!" said I, "thing of evil! prophet still if bird or devil!
By that Heaven that bends above us—by that God we both adore,
Tell this soul with sorrow laden, if, within the distant Aidenn,
It shall clasp a sainted maiden whom the angels name Lenore—
Clasp a rare and radiant maiden whom the angels name Lenore."
Quoth the Raven—"Nevermore".

3. Not the least obeisance made he—not a moment stopped or stayed he,
But with mien of lord or lady, perched above my chamber door.

4. Then this ebony bird, beguiling my sad fancy into smiling
By the grave and stern decorum of the countenance it wore,
"Though thy crest be shorn and shaven, thou," I said, "art sure no
                                                    [craven,
Ghastly grim and ancient Raven wandering from the Nightly shore—
Tell me what thy lordly name is on the Night's Plutonian shore?"
Quoth the Raven—"Nevermore".

Much I marvelled this ungainly fowl to hear discourse so plainly,
Though its answer little meaning—little relevancy bore;
For we cannot help agreeing that no living human being
Ever yet was blessed with seeing bird above his chamber door—
Bird or beast upon the sculptured bust above his chamber door,
With such name as "Nevermore".

5. But the Raven, sitting lonely on that placid bust, spoke only, etc.

6. "grim, ungainly, ghastly, gaunt, and ominuos bird of yore"

7. "Take thy beak from out my heart, and take thy form from off my
[door!"
Quoth the Raven "Nevermore!"

8. And the Raven, never flitting, still is sitting, *still* is sitting,
On the pallid bust of Pallas just above my chamber door;
And his eyes have all the seeming of a demon that is dreaming,
And the lamplight o'er him streaming throws his shadow on the floor;
And my soul from out that shadow that lies floating on the floor
Shall be lifted—nevermore.

9. *The Columbiad*, de Joel Barlow, fue publicada en 1787; fue un intento de componer una epopeya nacional de los Estados Unidos.

10. Pierre-Jean de Béranger (1780-1857), poeta francés cuyas *Chansons* fueron muy populares durante la Restauración.

11. Se trata de «The Indian Serenade», de P.S. Shelley.
I arise from dreams of thee
In the first sweet sleep of night,
When the winds are breathing low,
And the stars are shining bright:
I arise from dreams of thee,
And a spirit in my feet
Hath led me—who knows how?
To thy chamber window, sweet!

The wandering airs they faint
On the dark, the silent stream—
The champak odóurs fail
Like sweet thoughts in a dream;
The nightingale's complaint,
It dies upon her heart;—

As I must on thine,
Oh, belovèd as thou art!

Oh lift me from the grass!
I die! I faint! I fail!
Let thy love in kisses rain
On my lips and eyelids pale.
My cheek is cold and white, alas!
My heart beats loud and fast;—
Oh! press it to thine own again,
Where it will break at last.

12. Nathaniel Parker Willis (1806-1867), periodista y poeta estadouni-dense.

13. No se refiere a Thomas More, el poeta y humanista inglés, autor de *Utopía*, sino a Moore, poeta romántico irlandés.

14. Henry Wadsworth Longfellow (1807-1882) fue el poeta estadouni-dense más popular de su tiempo. Poe le dedicó uno de sus artículos exten-sos: «Longfellow's Ballads».
The day is done, and the darkness
   Falls from the wings of Night,
As a feather is wafted downward
   From an Eagle in his flight.

I see the lights of the village
   Gleam through the rain and the mist,
And a feeling of sadness comes o'er me
   That my soul cannot resist:

A feeling of sadness and longing,
   That is not akin to pain,
And resembles sorrow only
   As the mist resembles the rain.

Come, read to me some poem,
   Some simple and heartfelt lay,

That shall soothe this restless feeling,
    And banish the thoughts of day.

Not from the grand old masters,
    Not from the bards sublime,
Whose distant footsteps echo
    Through the corridors of Time.

For, like strains of martial music,
    Their mighty thoughts suggest
Life's endless toil and endeavonr;
    And to-night I long for rest.

Read from some humbler poet,
    Whose songs gushed from his heart,
As showers from the clouds of summer,
    Or tears from the eyelids start;

Who, through long days of labonr,
    And nights devoid of ease,
Still heard in his soul the music
    Of wonderful melodies.

Such songs have power to quiet
    The restless pulse of care,
And come like the benediction
    That follows after prayer.

Then read from the treasured volume
    The poem of thy choice,
And lend to the rhyme of the poet
    The beauty of thy voice.

And the night shall be filled with music,
    And the cares, that infest the day,
Shall fold their tents, like the Arabs,
    And as silently steal away.

15. William Cullen Bryant (1794-1878); poeta y crítico literario estadou-
nidense. Dirigió el *New York Evening Post* y, bajo el influjo de los románti-
cos ingleses, escribió poemas a la sublime naturaleza americana.

There, through the long, long summer hours
    The golden light should lie,
And thick young herbs and groups of flowers
    Stand in their beauty by.
The oriole should build and tell
His love-tale, close beside my cell;
    The idle butterfly
Should rest him there, and there be heard
The housewife-bee and humming-bird.

And what if cheerful shouts at noon
    Come, from the village sent,
Or song of maids, beneath the moon.
    With fairy laughter blent?
And what if, in the evening light,
Betrothèd lovers walk in sight
    Of my low monument?
I would the lovely scene around
Might know no sadder sight nor sound.

I know that I no more should see
    The season's glorious show,
Nor would its brightness shine for me,
    Nor its wild music flow;
But if, around my place of sleep,
The friends I love should come to weep,
    They might not haste to go.
Soft airs, and song, and light, and bloom
Should keep them lingering by my tomb.

These to their softened hearts should bear
    The thought of what has been,
And speak of one who cannot share
    The gladness of the scene;
Whose part, in all the pomp that fills

The circuit of the summer hills,
  Is-that his grave is green;
And deeply would their hearts rejoice
To hear again his living voice.

16.   Edward Coote Pinkney (1802-1828): a diferencia de lo que afirma
Poe, Pinkney nació en Londres, siendo su padre embajador de Estados Uni-
dos en Inglaterra. Vivió en Maryland desde los ocho años; fue autor de poe-
mas líricos en los que es notoria la influencia de los románticos ingleses.

I fill this cup to one made up
Of loveliness alone,
A woman, of her gentle sex
The seeming paragon;
To whom the better elements
And kindly stars have given
A form so fair, that, like the air,
'T is less of earth than heaven.

Her every tone is music's own,
Like those of morning birds,
And something more than melody
Dwells ever in her words;
The coinage of her heart are they,
And from her lips each flows,
As one may see the burden'd bee
Forth issue from the rose.

Affections are as thoughts to her,
The measures of her hours;
Her feelings have the fragrancy,
The freshness of young flowers;
And lovely passions, changing oft,
So fill her, she appears
The image of themselves by turns,
The idol of past years!

Of her bright face one glance will trace
A picture on the brain,
And of her voice in echoing hearts
A sound must long remain;
But memory, such as mine of her,
So very much endears,
When death is nigh my latest sigh
Will not be life's, but hers.

I fill this cup to one made up
Of loveliness alone,
A woman, of her gentle sex
The seeming paragon—.
Her health! and would on earth there stood
Some more of such a frame,
That life might be all poetry,
And weariness a name.

17. Come, rest in this bosom, my own stricken deer,
Though the herd have fled from thee, thy home is still here;
Here still is the smile, that no cloud can o'ercast,
And a heart and a hand all thy own to the last.

Oh! what was love made for, if 't is not the same
Through joy and through torment, through glory and shame?
I know not, I ask not, if guilt's in that heart?
I but know that I love thee, whatever thou art.

Thou hast call'd me thy Angel in moments of bliss,
And thy Angel I'll be, 'mid the horrors of this, —
Through the furnace, unshrinking, thy steps to pursue,
And shield thee, and save thee, — or perish there too!

18. O saw ye not fair Ines?
    She's gone into the West,
To dazzle when the sun is down,
    And rob the world of rest:
She took our daylight with her,

243

The smiles that we love best,
With morning blushes on her cheek,
    And pearls upon her breast.

O turn again, fair Ines,
    Before the fall of night,
For fear the Moon should shine alone,
    And stars unrivall'd bright;
And blessed will the lover be
    That walks beneath their light,
And breathes the love against thy cheek
    I dare not even write!

Would I had been, fair Ines,
    That gallant cavalier,
Who rode so gaily by thy side,
    And whisper'd thee so near!
Were there no bonny dames at home,
    Or no true lovers here,
That he should cross the seas to win
    The dearest of the dear?

I saw thee, lovely Ines,
    Descend along the shore,
With bands of noble gentlemen,
    And banners waved before;
And gentle youth and maidens gay,
    And snowy plumes they wore;
It would have been a beauteous dream,—
    If it had been no more!

Alas, alas! fair Ines,
    She went away with song,
With Music waiting on her steps,
    And shoutings of the throng;
But some were sad, and felt no mirth,
    But only Music's wrong,

In sounds that sang Farewell, farewell,
  To her you've loved so long.

Farewell, farewell, fair Ines!
  That vessel never bore
So fair a lady on its deck,
  Nor danced so light before,—
Alas for pleasure on the sea,
  And sorrow on the shore!
The smile that bless'd one lover's heart
  Has broken many more!

19. One more Unfortunate,
  Weary of breath,
Rashly importunate,
  Gone to her death!

Take her up tenderly,
  Lift her with care;
Fashion'd so slenderly
  Young, and so fair!

Look at her garments
Clinging like cerements;
Whilst the wave constantly
  Drips from her clothing;
Take her up instantly,
  Loving, not loathing.—

Touch her not scornfully;
Think of her mournfully,
  Gently and humanly;
Not of the stains of her,
All that remains of her
  Now, is pure womanly.

Make no deep scrutiny
Into her mutiny
   Rash and undutiful:
Past all dishonour,
Death has left on her
   Only the beautiful.

Still, for all slips of hers,
   One of Eve's family—
Wipe those poor lips of hers
   Oozing so clammily.

Loop up her tresses
   Escaped from the comb,
Her fair auburn tresses;
Whilst wonderment guesses
   Where was her home?

Who was her father?
   Who was her mother?
Had she a sister?
   Had she a brother?
Or was there a dearer one
Still, and a nearer one
   Yet, than all other?

Alas! for the rarity
Of Christian charity
   Under the sun!
O, it was pitiful!
Near a whole city full,
   Home she had none.

Sisterly, brotherly,
Fatherly, motherly
   Feelings had changed:
Love, by harsh evidence,
Thrown from its eminence;

Even God's providence
  Seeming estranged.

Where the lamps quiver
So far in the river,
  With many a light
From window and casement,
From garret to basement,
She stood, with amazement,
 Houseless by night.

The bleak wind of March
  Made her tremble and shiver;
But not the dark arch,
Or the black flowing river:
Mad from life's history,
Glad to death's mystery,
  Swift to be hurl'd—
Anywhere, anywhere
  Out of the world!

In she plunged boldly—
No matter how coldly
  The rough river ran—
Over the brink of it,
Picture it—think of it,
  Dissolute Man!
Lave in it, drink of it,
  Then, if you can!

Take her up tenderly,
 Lift her with care;
Fashion'd so slenderly,
 Young, and so fair!

Ere her limbs frigidly
Stiffen too rigidly,
  Decently, —kindly,—

Smooth and compose them;
And her eyes, close them,
　　Staring so blindly!

Dreadfully staring
　　Through muddy impurity,
As when with the daring
Last look of despairing
　　Fixed on futurity.

Perishing gloomily,
Spurred by contumely,
Cold inhumanity,
Burning insanity,
　　Into her rest.—
Cross her hands humbly
As if praying dumbly,
　　Over her breast!

Owning her weakness,
　　Her evil behaviour,
And leaving, with meekness,
　　Her sins to her Saviour!

20. To Augusta

Though the day of my destiny's over,
　　And the star of my fate hath declined,
Thy soft heart refused to discover
　　The faults which so many could find;
Though thy soul with my grief was acquainted,
　　It shrunk not to share it with me,
And the love which my spirit hath painted
　　It never hath found but in *thee*.

Then when nature around me is smiling,
　　The last smile which answers to mine,
I do not believe it beguiling,
　　Because it reminds me of thine;

And when winds are at war with the ocean,
   As the breasts I believed in with me,
If their billows excite an emotion,
   It is that they bear me from *thee*.

Though the rock of my last hope is shivered,
   And its fragments are sunk in the wave,
Though I feel that my soul is delivered
   To pain—it shall not be its slave.
There is many a pang to pursue me:
   They may crush, but they shall not contemn;
They may torture, but shall not subdue me;
   'Tis of thee that I think—not of them.

Though human, thou didst not deceive me,
   Though woman, thou didst not forsake,
Though loved, thou forborest to grieve me,
   Though slandered, thou never couldst shake;
Though trusted, thou didst not disclaim me,
   Though parted, it was not to fly,
Though watchful, 'twas not to defame me,
   Nor mute, that the world might belie.

Yet I blame not the world, nor despise it,
   Nor the war of the many with one—
If my soul was not fitted to prize it,
   'Twas folly not sooner to shun:
And if dearly that error hath cost me,
   And more than I once could foresee,
I have found that whatever it lost me,
   It could not deprive me of *thee*.

From the wreck of the past, which hath perished,
   Thus much I at least may recall,
It hath taught me that which I most cherished
   Deserved to be dearest of all:
In the desert a fountain is springing,
   In the wide waste there still is a tree,

And a bird in the solitude singing,
  Which speaks to my spirit of *thee*.

21. Tears, idle tears, I know not what they mean,
Tears from the depth of some divine despair
Rise in the heart, and gather to the eyes,
In looking on the happy Autumn-fields,
And thinking of the days that are no more.

  Fresh as the first beam glittering on a sail,
That brings our friends up from the underworld,
Sad as the last which reddens over one
That sinks with all we love below the verge;
So sad, so fresh, the days that are no more.

  Ah, sad and strange as in dark summer dawns
The earliest pipe of half-awaken'd birds
To dying ears, when unto dying eyes
The casement slowly grows a glimmering square;
So sad, so strange, the days that are no more.

  Dear as remember'd kisses after death,
And sweet as those by hopeless fancy feign'd
On lips that are for others; deep as love,
Deep as first love, and wild with all regret;
O Death in Life, the days that are no more!

22. William Motherwell (1797-1835); poeta escocés. El poema aquí cita-
do es, en realidad, la segunda estrofa de una breve composición titulada
«War» [Guerra].

23. Then mounte! then mounte, brave gallants all,
  And don your helmes amaine:
Deathe's couriers, Fame and Honour, call
  Us to the field againe.
No shrewish teares shall fill our eye
  When the sword-hilt's in our hand,—

Heart-whole we'll part, and no whit sighe
   For the fayrest of the land;
Let piping swaine, and craven wight,
   Thus weepe and puling crye,
Our business is like men to fight,
   And hero-like to die!

ÍNDICE DE CONTENIDOS

Descubre tu próxima lectura

Si quieres formar parte de nuestra comunidad,
regístrate en **libros.megustaleer.club**
y recibirás recomendaciones personalizadas

Penguin
Random House
Grupo Editorial

megustaleer